みんな
第
をつかっている
「第六感」って、
ちょっと不思議で
特別な人にだけ
備わっている力だと
思っていませんか？
じつは誰もが
普段から
よくつかっているん
ですよ。
そう、今この本を
手にしたあなたも
ドンッ
著者
普天間直弘
覚えはあり
ませんか？
たとえば
こんなとき
ビクッ
第六感

電車の中で
居眠りをしていたら
zzzz…
降りる駅の直前で「ハッ」と目が覚めたり
次は〜
○×駅〜
○×駅〜
ハッ

久しぶりに連絡を取りたいなと
懐かしい人のことを
思い浮かべていたら

翌日、本人から
電話やメールが
飛び込んで
きたり
着信あり
タローさん
まぁ!!

お風呂でリラックスしていたら
アイデア
パチン
突然、新しいアイデアが浮かんできたり

外に出た瞬間、雨が降るときの
匂いを感じて傘を用意すると
COFFEE
やっぱりその後、
雨がザーザー降ってきたり
ザ〜
ザザ〜

ずっと悩んでいた
問題の解決策を
う〜ん
う〜ん
朝起きた瞬間に
思いついたり
バッ
そうだ!!

そんな何気なくつかっている「第六感」の力がもっと強くなっていくとどうなるのでしょうか？
わたしは、こう思っています
「第六感」が強くなると、目の前の出来事が
偶然ではないとわかるようになるから……
起きた事実をそのまま受け止められるようになる
バシッ
頑固なこだわりがなくなる
いいね!!コレ!!
カラダの力を抜いた生き方ができるようになる
わ〜い
損得で行動をせずに好きなほうを選べるようになる
私はアレが好き♡

人間の「五感」は
今を生きるためにありますが
「第六感」は人生を楽しく
生きるための感覚です
五感
視覚
嗅覚
味覚
聴覚
触覚
第六感
人生

「第六感」を磨くと、
人生が勝手によくなり出す！

普天間直弘

サンマーク
文庫

はじめに

見えない、聞こえない、ただわかるだけ

冒頭のマンガを読んでいただいて、少しは**「第六感」**のことが身近に感じられましたか？　ふだん何気なくつかっているこの感覚を、もっと意識的につかうことができれば……きっと今よりも生きることが**「楽しく」**感じられると私は思っています。そして、いろいろなことに**悩まない人生**が過ごせると確信しています。

そうやって自分の感覚で人生を変えた人をたくさん見てきましたが、皆さん一様におっしゃるのが次のような言葉です。

「何が起きても笑顔でいられるようになりました」
「小さなことで悩まなくなっています」
「気がつくと人やものへの執着が消えていました」
「決断力がアップしました」
「最近は怒らなくなっています」

いかがですか？「第六感」という感覚を磨いていくと、これまで悩んでいた数多くのとらわれから解放されて、より自分らしく、人生の主人公として歩いていくことができるようになるのです。

では、どうして私がこの感覚をお伝えできるようになったのか。少しだけ自己紹介も交えてお話をさせていただきます。

私の名刺の肩書きは**「足もみ師」**です。

35歳からこの仕事を始め、当時は毎月100人以上の方々の足を揉《も》むのが私の生業となり、これまでにおよそ1万人以上の方たちの足と向き合ってきました。

仕事を始めて間もないころのことです。いつもどおりに施術をしているとき、お客さまの足を触りながら、**「あれ？　今日は何か嫌なことがあったのかな？」とか「今、心配事を抱えているな」**と感じるようになりました。

もちろん、足の裏にはたくさんの反射区（ツボ）があり、それが、からだの至るところとつながっているので、そこを押したり揉んだりすることで、つながっている臓器の調子がわかるのです。しかし、あるときから、その方の心の中のモヤモヤやイライラ、不安といったものまでも感じるようになりました。

そこで、足を揉みながら感じたことを言葉にのせてお伝えしているうちに、**「カウンセリングのようなことをしてくれる足もみの先生がいる」**と口コミが広がり、訪ねて来るお客さまの数がどんどん増えていったのです。

いつのころからかお客さまの相談を受けるようになり、北九州の「足もみ師」仲間に呼ばれてセッションなどに応えているうちに個人セッションの輪が広がっていきました。今では、そこからワークショップや講演活動にまで発展し、さらには沖縄をはじめ、東京、神戸、鹿児島、仙台における**「魔法学校」**（さまざまなワークで「第六感」を養う講座）の講師を務めるまでに至っています。

※現在、「足もみ師」の仕事は沖縄だけで行なっています。

沖縄から離れた外の世界を知ることによって、私は沖縄の文化や精神性の素晴らしさを知ることができました。そこでわかったことは、私たちが住んでいるこの世界は、すべてのことがつながっていて、現実に起こる出来事をとおして自分自身のこともよりわかるようになっていく世界なのだ、ということです。

私はこれまで感じるままに、お客さまの悩みや心の葛藤《かっとう》を整理するためのヒントをお伝えしてきました。そして、自分にとってはごく当たり前の感性や振る舞いが、じつはそうではないのだということにも気づいてきました。

私にはわかるごく普通の感覚が、多くの方々にとっては、じつはまるで特別のこととして受け取られていたのです（最初のころは、それが「第六感」だという自覚もありませんでした）。

しかし、最初にここではっきりと書いておきますが、私が行なっていることは何も特別なことではありません。私だけに授けられた力でも何でもないのです。それは、ひと言でいうなら、現代人のほとんどの方たちが、ただ**「忘れてしまっている感覚（感性）」**にほかならないといえるでしょう。

私はその「感覚」を次のような言葉で表現しています。

「見えない、聞こえない、ただわかるだけ」

普通の人には見えない特別なものが見えたり、普通の人には聞こえない不思議な音や声が聞こえてきたりといった、オカルトチックなことをお伝えしたいわけではありません。

昔から「虫の知らせ」という言葉があったように、ただ**「何となくわかる」**。誰もが身体能力としてもっているそうした感覚を、できる限り多くの方たちに思い出していただきたい。そして日常生活の中に意識的に取り入れ

静かな心で五感を研ぎ澄ませながら、
意識的に日常生活を過ごす

ながら、ご自分の人生をより豊かに、楽しく生きていただきたいと心から願っているのです。

自分自身に**「五感」**というものが備わっていることは、どなたもご存じだと思います。五感とは次の5つの感覚のことです。

「視覚」……目で見る感覚
「聴覚」……周波数の音波を耳で感じる感覚
「嗅覚」……鼻でにおいを感じる感覚
「味覚」……舌で味を感じる感覚
「触覚」……手や肌で触れる感覚

五感の中でも、人類の進化に大きく貢献してきたのは**「視覚」**です。五感のうちの8割は視覚に頼っているとさえいわれているほどです。「目で見えることは信じられる」と思っている人が多いこともその表れのひとつといえるでしょう。
では五感とは、いったい何のためにあるのでしょうか？

人類の進化において、動物である私たち人間は、獲物を見つけたり、危険を察知したりと、生き抜くために「五感」を身につけてきました。

ところが、時代を経て便利・快適を追求してきたあまり、私たちは「五感」の能力を著しく低下させてしまいました。

自分の目で遠くを見なくてもテレビやパソコンの映像をとおして世界中を眺めた気になれます（思考の錯覚）。

日常には自然の音以上に機械音やノイズがあふれています（聴覚の混乱）。

食品が腐っているかどうかは表示された賞味期限で判断します（嗅覚の衰え）。

ほとんどの食べ物に化学物質がつかわれているので、食べ物本来の味を知ることが少なくなりました（味覚のまひ）。

「ものに触る」というごく自然な行為も、抗菌や除菌を重視する習慣の変化で少なくなってしまいました（皮膚感覚の未発達）。

いかがでしょうか？　せっかく備わっている「五感」も、どんどん退化するような生活を私たちは送ってしまっているのです。

こうして五感の機能が低下しているのと同じように、私たちの**「心」**もまた、どんどん自力を失ってきているように思えてなりません。心が自力を失うとは、つまり**「心のエネルギー値が低くなる」**ということです。心のエネルギー値が低くなれば、自ずと前を向いて歩いていく気力も減退してしまいます。

そうなると物事を自分で決断する能力が低下したり、起こった出来事の真意を冷静に判断したりする能力も衰えてしまいます。

その結果、自分の思いどおりにならなかったことに、すぐ腹を立てたり、落ち込んだりする人が増えてきました。人生という長い旅路の中では、一度や二度の失敗なんてどうってことないはずなのに、ちょっとした失敗や恥ずかしい体験をしたからといって、自らの命まで絶ってしまう人もいるほどです。

広大な宇宙から見れば、私は沖縄の小さな街でお客さまの足を揉み、目の前の人に自分ができる限りのささやかなアドバイスを一所懸命伝えているだけです。それでも私の話を聞いてくださった方が、それから半年、1年と経《た》ってから、また私のところへやってきて、

「あのとき言っていただいたことを大切にしながら生きていたら迷わなくなりました。そして、**ほんとうに人生は明るく、素晴らしい**と思えるようになりました。心から感謝いたします」

そのようなお礼の言葉を口にしてくださるのです。そんなふうに言われると、こちらこそ心の底から嬉《うれ》しくなってしまいます。否定的なもののとらえ方をしていたお客さまが、迷わずに自分の人生を明るく、楽しく、元気よく生きている姿を拝見することに何ともいえない至福を覚えるのです。その方

が人生を前向きに生きることで、どれだけ多くの周りの方たちの人生にもいい影響を及ぼしていることでしょう。

あなたは周りの方たちに、いい影響を及ぼしていますか?

もし、今はそう思えなくても**大丈夫です!**

この本には、人生を今よりももっと豊かに、楽しく生きるためのヒントをたくさん盛り込みました。先ほどもふれたように「五感」とは何かについてわかりやすく説いたり、「五感」を磨くためのワークに加えて、その先にある**「第六感」**の大切さについても紹介しています。

これは私なりの定義ですが、「五感」と「第六感」とをそれぞれ次のように考えています。

「五感」………◎今を生きるため

「第六感」……◎今を楽しく生きるため
　　◎起きることを「中庸」で受け止めるので迷いがなくなる

「第六感」についての理解を深めるためのキーワードもたくさん用意しました。

まずわかっていただきたいことは、**「中庸（本来の私自身）」**と**「陰と陽」**というもののとらえ方です。詳しくは「第1章」でお伝えしていきますが、「第六感」の力が増してくると、起きている現象の全体を見られるような冷静な目が養われます。右往左往しながら感情に振り回されることも少なくなるでしょう。常に**「事実」**を見極めることができるようになりますから、選択も速くなり、迷わず自分に合った的確な方向へと向かっていけるようになります。

そして「陰と陽」の世界を理解することによって、常に「中庸（ニュートラル）」の感覚を維持できるだけでなく、私たちが生きているこの世界がどれだけ豊かで、味わい深いものであるかを知ることもできます。

では、どうすれば**「中庸」や「陰と陽」の世界**と出会い、**「第六感」**で物事を決めることができるようになるのでしょうか?

そして、なぜそれが迷いが少ない人生とつながっていくのでしょうか?

この本を読み終えた後で、あなたはきっとそのヒントを手に入れるはずです。

まずは、自分自身を信じてください。

「自分を信じる=自信」

経験の積み重ねが「自信」になります。

ですから失敗も経験のひとつとして自信につながっていくのです。

便利なものに囲まれて、矢継ぎ早に飛び交う情報社会に生きる私たちは、もっと**「自分を信用する＝自信をもつ」**必要があると思います。そして、自分を信用するためには、もっともっと自分自身の本質を知る必要があるでしょう。

その自分の本質とは何か？
鍵を握るのが「五感」と「第六感」なのです。
迷わなくなる人生が、いかに輝かしいものになるのか。
さあ、今から私と一緒に感覚を磨く旅へと出発いたしましょう！

「第六感」を磨くと、人生が勝手によくなり出す！　目次

第1章　「第六感」をつかいこなすコツ

第2章　感性を磨く7つのワーク

第3章　「五感」をつかえば人生はもっとキラキラする

第4章　「第六感」は五感の先にある感覚

第5章 毎日がマジカルツアー

ベストセラー作家が実践する「第六感」のつかい方

［対談］ひすいこたろうVS普天間直弘

本文イラスト：オオノマサフミ
協力：ひすいこたろう
亀甲和子
小澤勝也
高島 亮
滝村桂子
橋本雅子
校正：株式会社ぷれす
編集：鈴木七沖（なないち）
佐藤理恵（サンマーク出版）

【感覚を磨くために必要な４つのこと】

①意識する

何かを始めるときや、何かと向き合うとき、できるだけ「意識する」ことを心がけましょう。

自分の「五感」や「第六感」がどのような状態にあるのかを知るためにも、まずは積極的に「意識する」ことによって確認できるようになります。

意識を向けないところに感覚は生まれません。

②丁寧にする

何かを考えるとき、何かに取り組むとき、できる限り「丁寧にする」ことを忘れないでください。ゆっくりと時間をかけることで、これまで見えてこなかったことや気づかなかったことに思いを馳《は》せられるようになり、思考もクリアになっていくでしょう。気持ちも穏やかになるはずです。

③決断する

私たちは毎日さまざまな選択と決断をしています。迷うこともたくさんありますし、選択した後に後悔することも少なくありません。

有効な選択だったかどうかは、後々でないとわからないものですが、「決断する」ことで自信も生まれ、納得のゆく時間を過ごせるようになるでしょう。

④研ぎ澄ます

「五感」とは〝今〟という瞬間を生きるためにあります。では、その先にある「第六感」は何のためにあるのでしょう？　それは、もっと楽しく生きるためです。「意識する」「丁寧にする」「決断する」ことを繰り返すことによって感覚が研ぎ澄まされ、人生がより豊かに、もっと楽しさも増えるでしょう。

第1章

「第六感」をつかいこなすコツ

いちばんの幸せとは何か？

「人生において、いちばんの幸せとは何でしょうか？」

私が講師を務める**「魔法学校」**の受講生によくする質問です。

皆さん、しばらく考え込んでから、絞り出すようにそれぞれの答えを語ってくれますが、最初のうちは「う〜ん……」と声の調子からも自信のなさがうかがえます。

「魔法学校」では、**「感じる（Feel）」**と**「考える（Think）」**、**「選択する（Choice）」**と**「判断する（Judge）」**の違いに気づくためのワークを、みんなで楽しみながら体験していきます。

「あなたが座るイスはどれですか？」
「あなたが使うコップはどれでしょう？」
「あなたが食べるお菓子を選んでみて？」

日常生活の中で、何となく意識しないで済ませている行動に、あえて意識を向けてみます。最初は戸惑う受講生も回を重ねるごとに感覚が研ぎ澄まされてきて、的確な**選択**ができるようになります。そして、小さな選択の体験を重ねていくうちに、あるとき**「ハッ！」**と大きな気づきと出会えるようになるのです。

人生において、いちばんの幸せとは何か？

最近は私からの問いかけにも、自信をもって答えられる人が増えてきました。

そうです！　人生でいちばんの幸せとは**「気づくこと」**だと私は思ってい

ます。

では、いったい何に気づくことなのでしょうか？

それは、私たちそれぞれ一人ひとりが、自分の内側のど真ん中にもっている**「本来の私自身＝中庸の心」**――、つまり揺るぐことなく、ぶれることなく、ありのままの**「本質」**そのものに気づくことをいいます。

五感が鈍っていたり、気持ちが情報に惑わされていたりすると、「本質」を実感することができません。ですから、ぶれているならぶれていると**「気づくこと」**が幸せへの道へとつながっていくのです。自分がなぜこの世に生まれてきたのか、何を決めて人生という旅を歩いているのか、その真実を思い出すことです。

「第六感」とは、「本来の私自身＝中庸の心」のときに作動する感覚のことです。

そこには、起きている事実をしっかりと見つめる静かな心があるだけですから、本質的な私に必要なことしか起きません。「考えること（Think）」や「判断すること（Judge）」は生じてこない。そのことに気づけるかどうかが大切なポイントです。

例えば、〝**感じること（Feel）**〟だけを使って物事を選択するとき、当然ですが理屈は浮かびません。人はわけのわからないことや目に見えないものを選ぶとき、つい不安になってしまいがちですが、そこは自分の感覚を信じて選択をしてみてください。すると、後から必ず理屈がついてくることに気づかされます。

「ああ、そういうことだったのか」と、〝Feel〟を信じて選択した後は、ちゃんと起きたことの真意がわかるようになっているのです。

頭で考えて理屈を先行させたり、損得の判断だけで答えを出したりすると、

「本来の私自身＝中庸の心」からぶれてしまうことになります。

それが**「悩むこと」**へとつながっていきます。

現代人のほとんどは、理屈が説明できない〝Feel〟という感覚だけで物事を選択することに戸惑いを覚えます。理由づけのあることを実行するのに慣れてしまっていて、理由のないもの、わけのわからないものほど怖いものはないと思い込んでいます。しかし、心配することはありません。ぶれてしまったら戻せばいいのです。

ただ、それだけのことなのです。

思いどおりにはならないけれど、想ったとおりになる世界

人の悩みは、大別すると次の二つしかありません。

「自分のこと」

「自分以外のこと」

ここでいう自分以外とは人間も含まれますし、ものとの関係や出来事、環境のすべてが含まれます。自分の悩みは自分が動くことで解決できます。逆にいえば自分が動くことでしか解決できない悩みのことです。

反対に、自分以外の悩みとは、自分が動くことでは解決できないもの。よって**「思いどおり」**にはならないことがほとんどでしょう。

例えば、自分が興味をもって何かを勉強したいな、と想ったとします。ピンときた学校のパンフレットを取り寄せたり、インターネットで情報を検索したりと、あなたの**「想ったとおり」**の学びの場を見つけるために行動を起こすことで、人生を豊かにすることができます。

しかし、自分の子どもに受験をさせたいと考え、あれこれと塾を探して通わせたとしても、必ずしもあなたの思惑どおりに子どもが勉強してくれるとは限りません。なかなか**思いどおり**にはならないものです。

気づかれた方もいらっしゃるでしょうが、**「想い」とは"Feel"**のことであり、**「思い」は"Think"**にあたります。

純粋に感じたことは想いとつながって、本質のあなた自身とも連動しますが、大半の「思い」には「こうなればいい、ああなればいい」と、自分の「我」から発せられる思惑や期待や願望が引っついてきてしまいます。

思いどおりにならないことへの不平不満が起きてしまう原因は、ひとえに私たちの心のぶれが原因なのです。

喜怒哀楽をコントロールするコツ

私たちが五感をとおして当たり前のように抱いてしまう**「喜怒哀楽」の感情**は、じつは心のぶれの典型的な表れといえます。喜んだり、怒ったり、哀《かな》しんだり、楽しんだり……。肉体をもって生きる私たちの感情は、毎日大忙し。自分以外のところで起きる現象に心は大きく揺さぶられて動きます。

だからといって、私は決して心の揺れが悪いことだとは思っていません。喜怒哀楽があるからこそ、人間はさまざまな感情を膨らませ、それが文明の進化にもつながってきたことはいうまでもありません。要は揺れ動く感情の波をどうコントロールしていくのかが重要です。

揺れ動く感情を**「あっ、今、心が揺れ動いてぶれたんだな」**と認識し、いったん受け止めてみることが大切です。肝心なポイントは、そこに気づくことなのです。


この章の最初にも書いたとおり、**「本来の私自身＝中庸の心」**こそが、あるべき心の在り方ですから、そこに戻すことを心がければいいのです。

心のぶれ……すなわち揺れ動く感情そのものを〝Feel〟で受け止めてから、その感情の在りどころを〝Think〟で考察する練習をしてみてください。

その感情の対象が、人なのか、環境なのか、時間なのか。自分が共鳴してしまった出来事を探ります。目の前で起こった出来事はすべて自分自身の**「鏡」**のように映し出されたものだということを理解するのです。

例えば、時間に遅れてくる人がとても気になるのは、「時間を管理するルールが守れない人は許せない」といった自分の思いに縛られていることの表れですし、キレイな花を観《み》て心が喜ぶのは、それがキレイだと感じることができる、あなたの心の表れでもあるのです。

「喜怒哀楽＝心のぶれ」に気づけるようになると、途端に心はどんどん軽くなるのが感じられるはずです。

なぜなら〝Feel（感じること）〟を瞬時に〝Think（考えること）〟へと移行させることによって、私たちの中にある**「顕在意識」**と**「潜在意識」**の壁がどんどん壊されていき、より選択の幅も広がるからです。感情の奥深くにある見えない意識を認識してみることで、感情の大本を受け止めることができるようになります。
（第4章のP173をご参照ください）

以前、NHKで放映された『コロンビア白熱教室』という番組で、アメリカ人2000人を対象に「あなたは1日で何回、**選択**をしていますか？」という調査をしたそうです。答えは平均で約70回でした。ということは、私たちは年間平均2万5千回以上、何らかの選択をしていることになります。
そのうちきちんと意識して選んでいるのは、おおよそ5、6回くらいでしょう。ほとんどは経験からくる無意識の領域を基準に選択をしてしまっています。

ところが、もし〝**Feel**〟で選択した感情に気づけるようになれば、その感情を受け止めるだけで、自分のことはもちろん、わいてきた感情の対象（相手）が許せたり、その感情を手放せたりできるようになります。

さらに、その出来事を瞬時に〝Think〟へと移行させることができれば、5、6回しかできなかった意識的な選択が、10にも20にもなることがあるのです。

つまり、私たちの心の奥底にある「潜在意識」に気づいて「顕在意識」へとのぼらせることができれば、人生の選択も増えて、より自分が想ったとおりの人生へと歩みを加速させることができると私は感じます。

こうやって「喜怒哀楽」という感情をコントロールすることによって、より本来の自分自身へと立ち返るための幅が広がることになるのです。

陰陽と中庸の関係について

「第六感」をうまくつかいこなすためには、本質にある素直さ、つまり**「本来の私自身＝中庸の心」**が必要です。

中庸とは、考え方や行動などが偏らず、真ん中にあることです。洋の東西を問わず、古来から人間の重要な「徳目」のひとつとして大切にされてきました。英語で表現するなら**「ニュートラル」**となるでしょう。

ザワザワと揺れ動かず、どしっと真ん中の「本来の私自身」であるとき、心は中庸の状態となって「第六感」も働きやすくなります。

第4章で紹介している偉人たちの発想法にふれてみてください。彼らはより自分らしいときに、ひらめきやアイデアが生まれています。その**「自分らしい」**ということこそ中庸の状態といえるのです。

心が真ん中の中庸にあるときには、次のような感覚がわいてきます。

◎直感が働く
◎ワクワク
◎ウキウキ
◎素直になる

◎楽になる

逆に中庸からずれているときは、どうなるのでしょう?

◎感情的になる
◎「思考(Think)」が働く
◎「判断(Judge)」する

感情の種類に気づけるようになると、**「違和感」**というモヤモヤした別の感情によって、自分の心が今、中庸にあるのかどうかがわかります。頭で考えた「思考(Think)」や「判断(Judge)」ではなく、正確な「感覚(Feel)」や「選択(Choice)」で生きているのか、いないのかがわかるようになってくるのです。

中国の思想に**「陰陽」**という考え方があります。これは、森羅万象、宇宙のありとあらゆる物事を、さまざまな観点から**「陰」**と**「陽」**の二つに分類する思想のことです。陰と陽は互いに対立する概念でありながら、それぞれの存在があることで成り立っている関係を示してくれます。

例えば、自分が男であることを自覚するためには、女性の存在は不可欠です。光り輝く太陽のダイナミックさは、月の静かなたたずまいと対になっています。暑さと寒さもそうですし、動物と植物、縦と横、アルカリ性と酸性、硬さと柔らかさ、収縮と膨張、上昇と下降など、まったく逆の性質の「陰陽」があるからこそ、そのものの存在を知り、立ち位置を見極めることができるようになっています。

脳、肉体、思考、感情など、さまざまなアイテムやツールを使って、魂のスキルアップをするために人間は生まれてきたと私は感じています。そして、そのような私たちが住む「陰陽の世界」は、比較することで自分自身を知ることができる一方、その比較によって劣等感や不平不満、妬みや嫉《そね》みといった厄介な感情も生み出します。飢餓や災害は別として、私たちが味わう心の苦しみの大半は、何かと何かの比較によって生まれているといっても過言ではないでしょう。

心が「ずれる」ということは、心が「陰」または「陽」のどちらかに偏ってしまうことです。次ページの「太極図」をご覧ください。どこかで一度くらいは見たことのある図ではないでしょうか。勾玉《まがたま》のような形をした黒と白は「黒＝陰」「白＝陽」を表していて、黒と白の割合は常に同じに描かれています。

どうして直線で真っすぐに分かれず、波を打つような曲線になっているかというと、陰と陽は、はっきりと真ん中で分けられるものではなく、陰に傾いているものもあれば、陽に傾いているものもあるという意味です。

「陽極まれば陰となる」「陰極まれば陽となる」という言葉もあるように、

陰があるから陽がわかり、陽があるから陰もわかる。
いつ、どんなときでも、とらわれない心で真ん中の「中庸」を歩いてみよう

二つの極は、流動的に動いていることを表しています。それぞれの中に小さな白丸と黒丸が描かれているのも、陽の中にも陰があり、陰の中にも陽があるというように、物事すべてが正確に分けられないことを示しているのです。
たとえ悲しい出来事が起きたとしても、同じだけ楽しくて幸せなことも起きることを「太極図」は教えてくれています。陰が悪くて陽がよいという短絡的な発想ではなく、陰と陽の二つがあって物事が成り立つことを表現しています。

そして、波を打つように描かれた白と黒を分けるラインこそが、**「中庸」**と呼ばれる状態のことなのです。陰と陽の世界にとらわれず、常に流れるようにたゆたう真ん中の「中庸」を歩くことができれば、私たちは最も本来の私自身らしく、この人生を豊かに生きることができるのです。

「第六感」とは、心が中庸な状態にあるとき、私たちに必要な大切なことを教えてくれます。巻頭のマンガでもささやかな例でご紹介しましたが、ふと何かに気づくときや損得を考えずにリラックスしているとき、朝起きたときや眠る直前のまどろんでいるときなどをあらためてイメージしていただくとわかりやすいでしょう。

何ごとにもとらわれることなく、力を抜いて穏やかな状態のときこそ、中庸のラインを歩きながら「第六感」を自由自在につかいこなせるようになるのです。

大樹が教えてくれる「中庸」の実践

私たちの心が「中庸」からずれていく状態を、大樹から学んでみることにします。P50の絵を参照してください。太い幹をもった大樹には、たくさんの枝と無数の葉っぱが茂っています。この伸びた枝と、枝先についた葉っぱを**「起きた現象」**に置き換えます。

枝葉は太さも大きさもまちまちです。そして日の当たり方も場所によって違います。ひとつも同じ枝葉はありません。この**「枝葉＝起きた現象」**だけを見ていると、心はザワザワと揺れ動いてしまいます。それだけに心がとらわれていると……、

「私は何も悪くないのに……」
「○○さんから言われたとおりにやったのに……」
「○○さんを信じてここまで来たのに……」

つい言葉に「……のに」がついてしまい、原因を誰かのせいにしてしまおうと思考が働く人も少なくありません。枝葉を自分の都合のいいように解釈して、現象の意味がわからないまま悩んだり、苦しんだりしてしまいます。

枝葉は枝葉だけで存在しているわけではありません。枝葉の元には太くて

長い幹が必ずあって、一本の枝、一枚の葉っぱに至るまで、すべてとつながっているのです。ほんとうの原因や目的、役割、使命は、全部「幹＝中庸」の中にいつも隠されています。

この「幹＝中庸」と「枝葉」に対する認識のずれを、私たちは「感情」と名づけているのです。「喜ぶ」「怒る」「哀しむ」「楽しむ」などのさまざまな感情が、このずれから何度もわき上がってきて、毎日揺れ動いている……それは私たちの行動にまで影響を及ぼすほど大きいです。

とはいえ、前述したように、それは悪いことではありません。なぜ、それが起きたのかを「幹＝中庸」に立ち返り、そこから得た体験を学びに変えていけばいいのです。ずれだと認識さえすれば、揺れ動く感情は中庸に戻るようにできています。

そこに学びと成長が生じる仕組みになっていることを覚えておいてください。

大樹の幹は「中庸」のようなもの

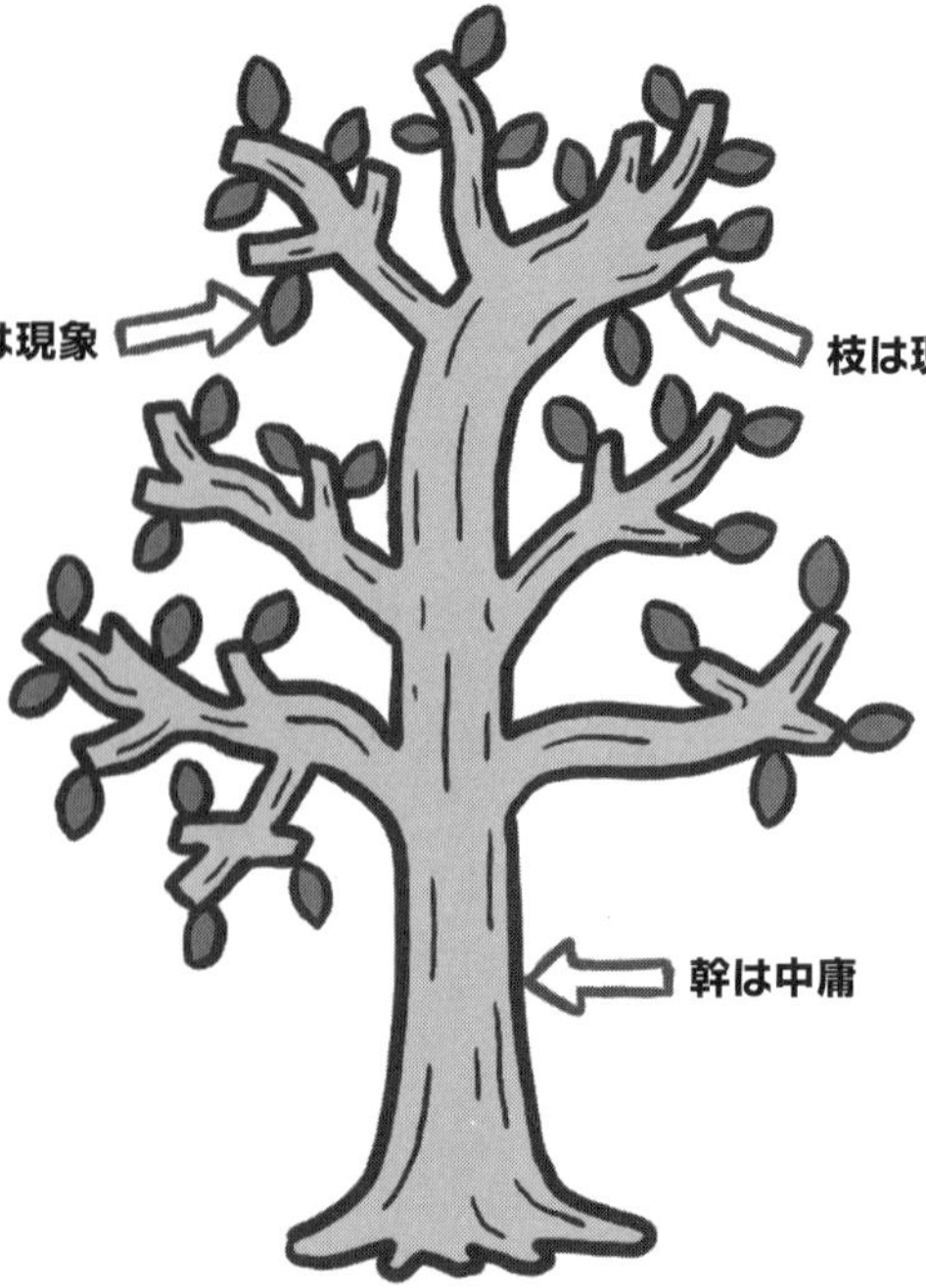

起きた現象は「枝葉」。何が起きても「中庸＝幹」に
立ち返って、すべてを学びに変えてみよう

大切なことはコンビニが教えてくれる

枝葉と幹の関係、納得していただけましたか？　起きていることのすべてが枝葉であり、その全部が幹とつながっていることを**意識する＝自覚すること**です。そうです。すべては自覚することから、ものの真理がわかってくる世界が私たちの住んでいるところなのです。

私はよく**「枝葉と幹の関係」**をコンビニで働くアルバイトのたとえ話を用いてお伝えします。「それ、何のためにやっているの？」「どうしてそんなことが起きたの？」をひもとく鍵が、コンビニでの仕事によくあるからです。

コンビニを運営している企業には、どこでも「マニュアル」が存在します。

それは対応法みたいなもので、「これさえ覚えておけば仕事ができる」と企業が働く人に提示する決まりごとです。

例えば、ここに10個のマニュアルがあったとします。その10個をアルバイトに覚えてもらいます。彼（彼女）は覚えれば完璧に仕事ができる！　と思うでしょう。教える側も「10個覚えれば最低限の仕事ができます」と伝えるはずです。

しかし、当然のことながら、お客さまは人間です。思考も感情ももっている生き物ですから、すべての人が企業のマニュアルどおりに動いてくれるとは限りません。


「このお弁当とこっちのお弁当は、どう味が違うの？」

「売っている挽《ひ》き立てのコーヒーって、豆の産地はどこ？」

「ちょっとほろ苦いチョコレートを探しているんだけど」

「柔らかい紙質のティッシュはありますか？」

マニュアルに書かれていることだけを覚えていたアルバイトにとって、書かれていない質問がきたときは慌ててしまい、右往左往するでしょう。「あれ？　そんなこと書いてなかったぞ」と。でも実際には、10個あるマニュアルの一つひとつに、じつはそれぞれまた10個以上の対応が生じてくることを理解していなければ、接客はずっとしどろもどろのままです。

マニュアルとは、あくまでも「最低限の仕事」ができるためのフォーマットに過ぎません。10個のマニュアルそれぞれに10個の応用編があれば100個に、またそれぞれに10個の応用編があれば1000個に、マニュアルの枝葉は広がっていくでしょう。

その10個を1000個に広げるコツは、どこにあると思いますか？

それはひとえに、アルバイトの**意識（自覚）の高さ**に比例します。

コンビニを先ほどの「大樹」に置き換えれば、学んだマニュアルをどう活《い》かすのかは、大本の幹である、あなた自身の意識次第ということになります。どんどん広がっていく「仕事」という枝葉に対して、常に穏やかに対応できるかどうかは、あなた自身の意識の高さと対応力という**人間の幅**に尽きるのです。

アルバイトであろうが、正社員であろうが、働くこと自体に大差はありません。しかし、それをたんに「指示待ち」で受動的にこなすのか、「考えて動く」ことで能動的に取り組むのかでは、結果はまったく違ってきます。

枝葉と幹の関係に気づいている人は、**「何のために動くのか?」「なぜ、それをやるのか?」**がしっかりと腑《ふ》に落ちているので、そこに楽しみや自信が生まれてきます。昇っていく階段の先に見える景色をワクワクと想像しながら足取りも軽やかに歩いていけるはずです。自分の成長が自分でも実感できるので、さらなる向上心も養われていくでしょう。

すべては学ぶ心ひとつで決まる

「私は何の仕事をしたらいいのか、わからないんです」

そのような悩みごとの相談を若い人たちからよく受けます。

もちろん人にもよりますが、私は次のようにアドバイスをさせていただきます。

「では、半年でいいからコンビニで仕事をさせていただいたらどうかな～？」と。

コンビニの仕事には、人生で学ぶべきことが山ほど詰まっているからです。

先ほど挙げたマニュアルをどう膨らませていくかというチャレンジ以外に

も、学べることがたくさんある職場です。

面白いことに、お客さまは従業員のことをほとんど意識していないでしょう。部屋着のままやって来る人、つまり日常生活の姿そのままを見せる人が多いところでもあります。そこを利用して、徹底的に人間の動作観察をしてみるのです。

何かを買う目的で入ってくる人がほとんどですから、意識をもって仕事をしていると、お客さまが何を求めているのか、目線や足取りでわかるようになってきます。自分の目的を満たすために来ているわけですから、けっこうその人の**「我」**や**「素」**が見えてくるのです。

飲み物を買う目的だけの人は、奥のショーケース以外は見ません。スーッとただ前を見ながら入ってきた人は、まずはトイレを探して直行する……なんていう動作も経験からだんだんわかってきます。

手にしたスナック菓子から購入する飲み物の種類を連想することもできる

でしょう。毎日お弁当を買いに来る人が、今日はどのお弁当に手を伸ばすのかまで、お店に入ってきたときのお客さまの表情や姿勢から、「今日は脂っこいものではなく、あっさりした味のお弁当を選ぶだろうな」と連想してみることもできます。レジカウンターにいると、それがすべて見えるのです。

以前、駅のキヨスクで働いていた人が、コンビニで働くようになって驚いたことがあるとニコニコしながら話してくれたことがあります。

キヨスクは、お客さまがいきなり横からやってくるので、レジに出されたものを瞬時にさばくのが勝負。しかし、コンビニでは前方からやってくるので、自分がどう応対したらいいのかを事前に察知することができる、と言うのです。

「常連さんともなると、こちらが世間話のひとつや二つ用意しながら、コンビニでのわずかな時間をもっと気持ちよく過ごしていただける工夫ができます。勉強になりますね～」

このプロフェッショナルな人の話に、聞いている私までもが何だかワクワクしてきました。すべては学ぶ心ひとつで決まっていくのです。

もっと自分に「問いかけてみる」こと

私が「足もみ師」という仕事から学んだことも、じつはコンビニでの事例とまったく同じでした。お客さまの足の反射区（ツボ）は、いうならば枝葉のようなものです。そこを触っているうちに、起きている現象がどこにつながっているのか……つまり、幹に何があるのかが想像できるようになったのです。

想像が確信に変わった瞬間から、お客さまの心の様子も手に取るようにわかってきて、私とお客さまとの対話が生まれました。それが今ではカウンセリングと呼ばれる活動になっているのが実情です。

自分の幹に気づくことが、どれくらい素晴らしくて、大きな喜びにつながるのか。幹と中庸の関係を知ることがゲームをするように面白くなってきて、物事の真理とは、じつにシンプルに仕組まれていることも理解できるようになりました。

「自分は何のために生まれてきたのか？」
「自分の使命や役割は何なのか？」

ここ数年間で、そのような問いかけを自分自身に向ける人が増えた気がします。

それはとても素晴らしいことだと私は思います。みんなが自分の枝葉や幹、中庸や陰と陽、五感や第六感の仕組み、それらを使いこなすためのコツを感覚的に知ることができれば、さらに人生が豊かで味わい深い学びの場であることが理解できるようになり、私たちが住んでいるこの世界は、もっと幸せがあふれる場所へと変わっていくでしょう。

もっと自分自身に問いかけてみてください。

あなたの五感が受け止めた感覚に、もっと意識を向けてみるのです。

「この味、フワフワ～っと美味しかった」
「そのフワフワ～って、どんな感じの味なの？」
「柔らか～な感じかな？」
「柔らか～な味って、どんな味のこと？」
「まろやかでしみ込んでいくような味」

そのようにして自問自答を繰り返してみるのです。

本書の第2章でお伝えしているワーク**「感情の浄化」**（P86）は、このような自問自答の問いかけから生まれました。多くの方々がこのワークを実践してみて、その抜群の効果に驚かれています。


「あの人、何だか嫌い」

「どうして嫌いなの？」

「私に対して嫌なことを言うから」

「言われたことに反応しているんだね」

「そう、言われたことの内容が嫌だった」

「それがどうして〝嫌なこと〟なのかな？」

「それは以前、嫌だと感じた体験があったから」

「その体験は、誰がした体験なの？」

「私がした体験」

「あの人がした体験じゃないよね」

「そう。私が嫌だと感じた体験」

「では、そのあなたが味わった嫌な体験を許して、あなたの中から〝体験＝

嫌〟を消したらどうなると思う？」
「そのことに対して〝嫌〟という感情もなくなると思う」
「となると、あの人が言った〝嫌なこと〟も、きっと嫌じゃなくなるよね」

意識する＝自覚をもつことで、起こっている物事の実態や真実は、よりクリアに見えてくるものです。そうすると五感の先にある「第六感」もしっかりと作動して、あなたがより豊かで幸せになるアドバイスを運んでくれるようになります。

私は自分の経験から、自信をもってこのことをお伝えしています。

意図した行動から「第六感」は生まれる

カウンセリングの中で**「私の使命とは何でしょうか？」**と聞かれることがよくあります。年々、その質問は増えてきているのではないでしょうか。私は年齢や性別を問わず、このように答えることにしています。

「あなたの使命とは、生ききることです」

「そんなことはわかっていますよ。そういうことじゃなくて〜」と怒って帰られる人もいました。しかし、それでも私は答えを変える気持ちはありません。

私たちのからだは、すべて地球にある成分でできています。もちろん、私もその成分の一部で成り立っています。そのような地球からの借りものの「からだ」を粗末にしていいはずはありません。

ただ漠然と生きるのではなく、五感で「からだ」をしっかりと感じながら、つかいきって返すことが大切だと私は思っています。そのためにも自分がもって生まれた**「感性」「感覚」「感情」「思考」**などのアイテムやツールをつかいこなしながら、魂のスキルアップを果たすのが私たちの役割です。

自分の使命が何なのかを尋ねた方たちが求めていたのは、じつはそれを果たすためのアイテムやツールのつかい方だったのではないでしょうか？　それなら私に対する質問が明確ではなかったことになります。

「私が使命を果たすためにやっていくべきことは何でしょうか？」

「問いかけ」は常に曖昧にはしないことです。曖昧な問いには曖昧な答えしか生まれないでしょう。

意図した行動から生まれるのが「第六感」なのです。

スーパーマーケットへ買い物に行ったとき、あなたの「感覚」のセンサーは何に反応していますか？　どの野菜にも産地が入っていて、ものによっては生産者情報もわかるようになっています。しかし、そこからわかる情報を分析して野菜を選ぶことは「第六感」ではないのです。

まず、野菜などの食材の前に立ってみる。そして**「自分の家族が今夜、食べたらからだにいいもの、幸せになれるものはどれか……」**とお題目を唱えてみます。

そうしたところ、ふと目に飛び込んでくる食材はありませんか？

他のどれよりも、パッと惹《ひ》かれるもの……それこそが、あなたやあなたの家族に必要な食材なのです。**「第六感が働く」**とは、ただ自分に合った食材を選ぶだけではなく、常に**「自分らしくいられること」**を、判断ではなく直感で選択していくことなのです。

◎よそから入ってきた情報や人の意見に左右されない
◎自分で決めたことは信じる
◎迷ってぐだぐだにならない

自分が信じて実践したことには、自分が自分に責任をもつだけです。そうやって「第六感」をつかえるようになると、自分が必要なものは自分できちんと選べるようになっていきます。もう迷うこともありません。

社会情勢や飛び交う情報が複雑になればなるほど、国同士の戦争や無用な争いは今でも絶えません。しかし、誰もが、**五感を研ぎ澄ませた先にある「第六感」**を上手につかいこなせる人生になれば、人間同士はもちろんのこと、動植物や他のものともひとつになれる調和の世界へと進むことができるはずです。

人は見たいものだけを見て、聞きたいものだけを聞いて、味わいたいものだけを選んで味わいますが、きちんと意識して見るくせをつけ、聞く耳を働かせ、いろいろな味を味わうようになることで、どんどん気づきの笑顔を増やすことができます。

そして、笑顔が増えれば増えるほど、人生は自分の想ったシナリオどおり、予定どおりの人生になっていくのです。

迷って苦しんでいる人たちに、五感を大切にすること、その五感を研ぎ澄ませば「第六感」を働かせるようになることをぜひとも知っていただきたい。「第六感」をつかいこなすことができる人生となって、より幸せになっていただければ嬉《うれ》しい限りです。

F先生と仲間たち①

「中庸」の心で〝愛の経営〟を実践しています

株式会社ヤサカ　代表取締役社長　小澤勝也《おざわかつや》

私は父親が創業した会社を引き継ぎ、折り箱屋の二代目として経営に携わっています。最初は若気の至りもあって、従業員に「戦う経営」を実践させていました。売り上げ至上主義で、とにかく会社の業績が繁栄していくことだけを強制するような経営者だったのです。

ところが、そんなやり方は長く続くわけもなく、社内の雰囲気もピリピリ状態のまま、業績は一気に下降線をたどるようになりました。そしてある日、もうどうしようもなくなって、幹部社員を集めて心からお詫《わ》びをしました。そしてそのときをターニングポイントとして、「戦う経営」から「愛の経営」へと大きく舵《かじ》を切ったのです。

「愛」という言葉の反対は無関心です。

それは、自分の意識がそこにないことを表しています。

では、「意識のある経営」とは何でしょうか？　それは社員を信頼し、それぞれが自覚をもってのびのびと自分の力が発揮できる職場環境を、経営者の私が大きな心で見守ることが持続できる経営のことを意味します。

私が普天間さんからいちばん学んだことは、「中庸」の意識をもつことでした。経営のみならず、人生にもいろいろなことが起こります。しかし、何が起ころうとも、まずは受け止める覚悟、そして受け止めた後には柔軟に動けるしなやかな心をもつことが大切です。覚悟を深めていくと、それはかけ算となって「質」を高めることにつながる……自分の心が上質になれば、その上質になった心を家族、従業員、取引先の皆さまへと範囲を決めて広げていくことができるようになるのです。

現在、仕事の大半を従業員に任せて、私は自分がもっと成長するべく、いろいろな勉強をさせていただいています。売り上げが不安定になることもあ

ります が、そのときは「覚悟のエネルギー」の意識を数字に向けると、面白いことに業績が向上していきます。そのような実験をする遊び心をもてたことも、普天間さんとの出会いからいただけた大切な学びだと実感しています。日々何が起きても、常に自分の意識を真ん中に保つことを「愛の経営」の柱にしています。

●「まずは人ありき」を掲げて、関わる人の幸せに貢献するというスタンスのもと、「会議なし、ノルマなし、売り込みなし」の経営スタイルを実践。全国を飛び回って経営コンサルタントや講演、セミナー活動を行なっている経営者。著書に『二代目になると、自分で決めて生まれてきました』（サンクチュアリ出版刊）がある。

第2章
感性を磨く 7つのワーク

まるでゲームのようにワークを楽しむこと

この章では、私が実際に日ごろから実践しているワークを**「7つ」**ご紹介していきましょう。どれも**「五感」**や**「第六感」**の力を今よりもっと向上させるためのものですが、人によっては慣れなかったり、理解できなかったりする内容もあるかもしれません。

「これが絶対に正しい！」というものではなく、私自身が**「これはいいね」**と体感したものから選んでいます。ですから皆さんもあくまで自分に合ったワークにトライしてみてくださいね。７つ全部を必ずやらなければならない、ということではありません。これも直感で選んだものをお試しください。

私がワークを実践するときに心がけているのは、とにかく**「楽しみながらやること」**です。すぐに結論を求めるのではなく、**遊び心いっぱいに、過程**

を楽しむ心持ちで行なってみましょう。まるでゲームのように実践していく、その気持ちが少しずつ心の中に広がっていって、より豊かな感性を育ててくれます。

「楽しむこと」を意識して行動していると、やがてそれが他の人にも広がっていき、ますます楽しみが楽しみごとを増やしていきます。

遊びはひとりで行なうのも楽しいですが、大勢でやってみるとさらに楽しみが何倍にも膨らみます。楽しみが膨らむと、楽しみごとも増えていくもの。そうやって楽しみの環《わ》が大きくなっていくことも、私がワークを取り入れている理由のひとつなのです。この章では、次のような7つのワークをご紹介することにいたします。

1　第六感的神社めぐり

神社はエネルギーがあふれている場であり、私たち人間と神さまの領域との違いを感じるのに、とても勉強になるところです。感じることを意識するワークです。

2　感情の浄化

誰にもぶつけられない怒りや思いを紙に書いて燃やしてから流すワークです。紙の燃え方で念の強さがわかります。自分の感情を整理するときに役立ちます。

3　からだ風水

ご自分の身につけるものが心地いいものかどうか、気分で感じ取るワークです。その日の運がどう変化していくのかを風水的に楽しみましょう。

4　名刺リーディング

透けない封筒に名刺を入れて、重さ、形、におい、温度、手触りなど、視

覚以外の感覚で名刺の持ち主を察知するワークです。

5　今ここタイミング

ご自身の人生の流れや行動のタイミングが合っているかどうかを計る簡単なワークです。日常生活のさまざまな場面で実験してみると面白いでしょう。

6　名前づけチューニング

身の回りのいろいろなものに名前をつけて、自分の意識と物質の意識をチューニングしながら合わせていくワークです。日常的に使っているいろいろなものでお試しください。

7　ひらめきと思考力

いつもは何気なく買っているモノを意識的に選択するワークです。選ぶときにひらめきでチョイスしているのか、思考でジャッジしているのかを見極めましょう。

1　第六感的神社めぐり

まず、自分が好きな神社を訪れます。

そのとき大切なのが、きちんと自分の名前と素性を述べること。

「ご挨拶《あいさつ》に来ました」だけでもかまいません。私たちが誰かの家を訪ねるとき、自分が誰なのか、何のためにやってきたのかをまず告げますよね。それと同じです。

次に、鳥居の内と外の雰囲気やエネルギーの違いを感じるために、参道を右から歩くのか、左から歩くのかを意図的に決めましょう。自分が決めた側と相反する側との場の違いを知ってもらうために、あえて選びます。

それは「第1章」でふれた**「陰陽」**（P43）を感じるための、そして今の自分の感覚を知るためのレッスンでもあります。

例えば自分の**〝Feel（感じる＝感覚）〟**で右側を選んだとします。そして右側を歩いてみます。次には、歩みを左側に変えてみると、何となくその違いがわかるはずです。そこから、なぜ自分が右を選んだのかを感じ取っていただければいいと思います。快か不快かの確認です。

その場所から全体的に見渡してみると、自分が歩いているところのライン、自分が歩いている足跡が何となく見えるようになってきます。そうやって一つひとつを意識的に確認しながら、きちんと参拝をします。

自分がどこを歩くのかを
「Feel（感覚）」で決めてみよう

私が「魔法学校」の神社ツアーで常に言っているのは、**「神社での参拝は禊《みそ》ぎのためである」**ということです。参道を歩きながら現世の垢《あか》をどんどん落とす。そのためにも自分のベストなライン（道）をちゃんと歩くほうが、いちばん垢が落ちやすいと感じるのです。

そのような心持ちで歩いていると、本殿の前に到着するころには、ほぼ禊ぎが終わった状態になるのですが、二礼二拍のときの**「二拍」**のことを、私は**エネルギーがゼロの状態になる**と解釈しています。

右手はエネルギーを出す手、左手は吸う手といわれていますよね。両手を合わせることで足してゼロになる、つまりゼロのエネルギーが生じる場がそこにできるのです。

そのゼロのエネルギーの状態で、自分の胸の前で両手を合わせる――。そのためにも心静かに、心を浄化して本殿と向かい合うことです。

昔から参拝の儀礼儀式にはいくつも決まりごとがありますが、何のためにそうした儀式があって、どうしてそのようなことをしなければならないのでしょうか――。それは、本殿の祭壇に上がるまでに心の準備をして、心身を浄化して神さまとつながるのが神社での在り方だからです。

最近、神社を参拝する人が増えたのは喜ばしいことですが、とにかく形式的に参拝を済ませている人があまりにも多いと感じます。参道もただ歩いているだけ。本殿に到着してもお賽銭《さいせん》を投げるようにして、神さまに自分のお願いばかりをしています。いわゆる「神頼み」ですね。

先にもふれましたが、誰かの家を訪問するときのことを思い出してみてください。

神仏に対する儀礼儀式と、人に対する儀礼儀式とは、何ら違いはないのです。例えば、人のお屋敷に入る前に、氏素性を述べず、何をしに来たとも言わずに入っていく。それは、人の家に土足で上がるのと同じことです。

仮に、門に訪問を告げるチャイムがついていたとします。ピンポ～ンのボタンも押さず、無視して門を開けて入っていく。丁寧に整えられた庭にもかかわらず、そこを蹴散《けち》らしながら歩いていく。それがどれだけ失礼なことなのかはイメージできますよね。

そして、玄関（本殿）に到着するやいなや、突然、ガラン、ガランとぶしつけに「本坪鈴」を鳴らす。これも、ものすごく無礼なことです。

では、次のような態度で臨んだ場合はいかがでしょうか。

入り口でピンポ～ンとともに「どこどこの誰々です。こういう用件で伺いました」と丁寧に告げます。すると「あ、どうぞ」と言われる。門を静かにくぐり、丁寧に整えられたお庭を見ながら、ゆっくりゆっくりと歩いてゆく。玄関に到着して、ふたたびピンポ～ンと押して、「どこどこの誰々ですけれど」と述べると、ようやくガチャッと扉が開いて「どうぞ、お待ちしていました」と迎え入れられる――。

私たちが日常的に行なっている当たり前の作法です。神社だからといって、それをやらなくてもいいなどということは、人間が勝手に決めた思い込み以外の何ものでもありません。

私は神社に限らず、いろいろなところ……例えば訪問先であったり、宿泊するホテルにも、必ず挨拶をするようにしています。また、何日も自宅を留守にするときには、神棚から訪問する場の神仏に向けてお声がけをしていきます。

「何日から何日までお世話になります。よろしくお願いいたします」

那覇空港から飛行機に乗った後は機体にもご挨拶をします。

そして、飛行機が訪問先の上空にさしかかったころには、訪問する場所に向かってご挨拶をします。

「今日からお世話になる、沖縄県○○市○○　○－○－○から来ました普天間直弘と申します。どうぞ、よろしくお願いいたします」

遠路はるばる友だちを訪ねるとき、私たちは出発前に連絡をして、到着してからも報告を入れますよね。それは相手への心配りといった意味だけでなく、自分の心を整えるためにも礼儀として実行していることです。

神社を参拝するとき、どうぞ意識を丁寧に定めて、清々《すがすが》しい気持ちでお参りを楽しんでみてください。

（付録）お仏壇について

自宅にお仏壇がある人に知っておいていただきたいことがあります。

最近はろうそくの火が火災の元になると、電気式のものが普及しています。お線香も家の中が煙だらけになるからといって一本を半分に折って、簡易的に済まそうとする人も少なくありません。私からすると、そうした習慣は、ちょっと寂しく感じてしまいます。

お仏壇は、あの世との窓口です。何のためにろうそくを灯《とも》すの？　何のために線香に火をつけるの？　それはこちら側と向こう側との道を照らすためです。

「チンッ」と鳴らすのは呼び鈴でしょう。ろうそくに火を灯したのに、線香をつけた途端にフッと消し、簡単に「チンッ」と鳴らして「パンパンッ」とやって、本人がそそくさとその場からいなくなってしまったら、呼び出されたほうは、

「あれ？　呼ばれたから来たのに、暗いし、誰もいないし……」

となりませんか？　まるでピンポンダッシュのいたずらみたいです。

神社と同様、これが現実の人対人の場面だと想定してみてください。

そして、大切な人が亡くなったときのことを思い出してください。どれだけその人と語り合いたいのか、どれだけその人から話が聞いてみたいのか。せめて線香が燃え尽きる間の短い時間くらいは……、と思うのが人の情ではないでしょうか。

たまにはゆったりとした気持ちでお仏壇の前に座り、ろうそくの火を灯して、線香に火をつけてから、その一本が燃え尽きるまで、静かな時間を過ごしてみてください。線香の燃え方、煙のたなびき方など、それが向こう側の世界とのコンタクトの合図になることだってあるのです。

私なりの定義ですが、**「供養」とは、その存在を忘れないこと**だと考えています。

2 感情の浄化

何かに腹を立てたり、人を嫌いになったり憎んだり、場合によっては恨んでしまうということは誰にだって起こり得ることです。そんなとき、人さまにぶつけられない、そのような怒りの思いを消し去るのが**「感情の浄化ワーク」**です。

用意するのはこちらです。

- **白い紙**
- **筆記用具**

ワープロなどで打たず、必ずご自分の手で書いてください。

紙には**「縦書き」**で、思いのたけを書いてください。遠慮することはありません。何に対して腹を立てたり、憎んだりしたのか。できる限り詳細を書いて、心の中にある塊をすべて吐き出すのです。後ほど説明しますが、必ず**「縦書き」**で記すことは守ってくださいね。

そうして書いた紙を今度は燃やします。

燃やすときは空き缶など、深くて周りに灰が飛び散らないものがいいでしょう。以前、ガラス製の灰皿の上で燃やした人がいましたが、燃やしているうちに「パンッ！」と灰皿が十文字に割れてしまったとのこと。ガラス製でも割れてしまうことがあるくらい「念」を燃やすのはネガティブな感情のエネルギーが放出されることなのです。

そして燃やしながら、必ず次の呪文を心の中で何度か唱えてください。

「思いのすべてを書きましたが、書いた自分も、書かれている対象も、許します」

書かれた「念」からは、ものすごい悪臭が生じることも多いので、室内ではなく、屋外で燃やすようにしてください。なるべく周りに火が燃え移るものがないような広めの場所が適しているでしょう。

さて、ここからが肝心なところです。燃やし終えて残った灰を、今度はトイレに流します。そのまま土の中に埋めようとした人もいましたが、トイレの水で流すことが大切ですから、ここは忘れないようにしてくださいね。

流しながら、トイレの神さまに向かって次の言葉を唱えます。

「すべてを許しましたので水に流してください」

なぜ「感情の浄化」をこのような方法で行なうのかというと、私たちの**「意識」**を目に見える形にしながら印象的に行なったほうが消し去るのが早いからです。

「思い」は必ず
縦書きで記すこと

スラー
スラー
大嫌い
思いのすべてを書きましたが
書いた自分も
書かれている対象も
許します
ジャー
灰
思いのすべてを…

「すべてを許しましたので
水に流してください」

「このワークをやって半年くらい怒る気がしないんです。怒りがないのでかえって心配ですが……」

と戸惑う人もいました。

「いいの、いいの。怒りが出てきたら、また燃やせばいいからね〜」

私は笑いながら気楽に答えるようにしています。

人間に喜怒哀楽があるのは、悪いことではありません。どのような感情を抱いたとしても、後でちゃんと**平常心（中庸）**に戻れたらいいのです。

さて、白い紙に自分の思いを書くときは**「縦書きにしてください」**と述べました。なぜ縦書きなのか、おわかりでしょうか？

日本語には書き順というものがありますよね。習字のときをイメージしてみましょう。筆にたっぷりと墨汁をつけて、できる限りひと息で綴《つづ》るようにと言われます。それは、次の書き順へと移るときも、空中ではすべてつながっているという考え方によるものです。

これは言霊の波動をつなげ、文字がもっているエネルギーそのものを伝わりやすくするためだと私は思います。書かれた文字にエネルギーが入っているからこそ、縦書きできちっと書かれた文字を読むとき、自然とこちら側も背筋を伸ばして読む姿勢になるものでしょう。

横書きでも読めないことはありませんが、一つひとつの言葉が横並びになった横書きの文字では、エネルギーが切れてしまっているので思いの力が入りにくいもの。本気の思いを込めるときには、日本語の場合、**「縦書き」**がいちばん合っていると思います。

3 からだ風水

世の中のものにはすべて……時間にも、お金にも、人間関係にも、日々の生活においても、そして人生そのものにも**「流れ」**があります。そのすべてに**「陽の気」**と**「陰の気」**という気の流れが関係しています。例えば1日のうちでも、朝は陽の気が盛んになり、夕方から夜にかけては陰の気が盛んになるといわれています。

「風水」という言葉をご存じの方も多いと思います。古代中国の思想から、建物や住まい、お墓などの吉凶を決めるときに、気の流れをものの位置で計るという考え方が生まれました。

その字のごとく、「風」は目に見えないけれど、からだで感じる流れ、「水」はやはり空気中や地下の見えない水全体の流れのことを指します。つまり「風水」とは、視覚では感じられない「気」を、衣・食・住の他、行く先や行動など、影響するすべてのものに用いて、運を開くための、いわば環境学だというわけです。

私がいつもワークとして実践している**「からだ風水」**とは、自分自身のからだを使って**「快」**や**「不快」**を感覚的に察知しながら、身につけるものを選んでいくというものです。

「快」か「不快」かを
感覚的に察知してみよう

女性の場合なら、髪型や化粧の他、今日、着ていくシャツの色やデザイン、ボトムスはスカートがいいのかパンツがいいのか、そこにネックレスやペンダント、指輪などのアクセサリー、ネイルに及ぶまで、時間をかけながら選んでいる方も多いことでしょう。

そうしてあらゆる感覚と思考を巡らせながら、でも、ほとんどは日常の当たり前のこととしてやっている人も少なくないはずです。

男性の場合には、スーツにワイシャツ姿のときに締めるネクタイの色や柄を選んだり、指輪やアクセサリーを身につけるならそれもどうするか考えてみましょう。迷ったらどちらがピンとくるか、ワクワクするかの感覚で選んでみてください。

「からだ風水」では、そこからもう一歩踏み込んで、意識的にやってみることをテーマとしています。例えば、直感で選んだ服やアクセサリーを身につけた1日に、どのようなことが起きたのか。その詳細を記しておきます。

そして別の日には、先日選ばなかったほうを身につけて、その日に起きたことの流れを記録しながら、その2日間を比べてみるのです。すると自分の感覚や起きた出来事の違いが理解できるようになります（違いがわかるまでの回数は人それぞれです）。

ただし、ワークで大切なのは、あくまでも**「遊び感覚で行なう」**ことなので、決して結果にとらわれないでくださいね。結果が大切なのではなく、その過程の変化を意識的に確認することが大切なのです。

天才コピーライターとして数々のベストセラーを執筆している作家のひすいこたろうさんも、日常的に「からだ風水」を実践しているひとりです。ある日、直感で選んだTシャツのおかげで思いもよらない驚きの体験をしたことを「第5章」の対談の中で語っています。このワークの参考としてもお読みください。

4　名刺リーディング

このワークはなるべく複数人で試してみると、それぞれの反応が面白く感じられます。まず、中が透けて見えない封筒を用意します。その中に**「名刺」**を1枚入れてください。もちろん他の人には見えないように。

名刺の裏表は関係ありません。外から見えないことが大切です。

一人ひとりに封筒を回しながら、受け取った人は視覚以外の感覚をつかって、重さ、形、におい、温度、手触りなどをキャッチする練習をしてみましょう。

参加者からは意外といろいろな意見がたくさん飛び交います。

「温かな感じがしました」
「ゴツゴツした力強さが伝わってきます」

「冷たいけれど柔らかい」
「花のイメージが浮かびました」
「軽やかな雰囲気を感じます」

重いと感じる人、軽いと感じる人、色で感じる人、形で感じる人、稀《まれ》ににおいや風を感じる人もいます。名刺の持ち主が男性なのか女性なのかも感じてみてくださいね。

複数の人たちでやるといろいろな意見が聞けて勉強になりますが、ひとりでチャレンジしてもまったく問題はありません。その場合、机の下などで封筒をもち、見えないように両手の平で名刺を選択してから中に入れます。その後は同様です。

大勢でやるときは重さや色や形が言葉となって口から出ますが、ひとりで行なうときは、名刺の持ち主が仕事でお付き合いできる人なのか、プライベートでもご一緒できる人なのかを感じてみるのも面白いでしょう。

このワークに慣れてくると、実際の名刺交換のときに名刺を手にした瞬間、いろいろな気づきをいただける人もいるほどです。ただし、あまり結果は気にせず、あくまでもリーディングをする過程を楽しみながら感じてみてください。

東京の「魔法学校」にて、絵本のソムリエとして全国で活躍している「たっちゃん」こと岡田達信さんが名刺リーディングをしたときのことです。名刺をつくったのはいいけれど、住所が間違っていたので刷り直しをしました。ところが間違った分がもったいないので訂正シールを貼り、「早くつかいきってしまいたい」と思いながら渡していたのです。封筒の中にはその訂正シールつきの名刺が入っていました。

すると誰彼なしに、次のような意見が飛び出てきました。

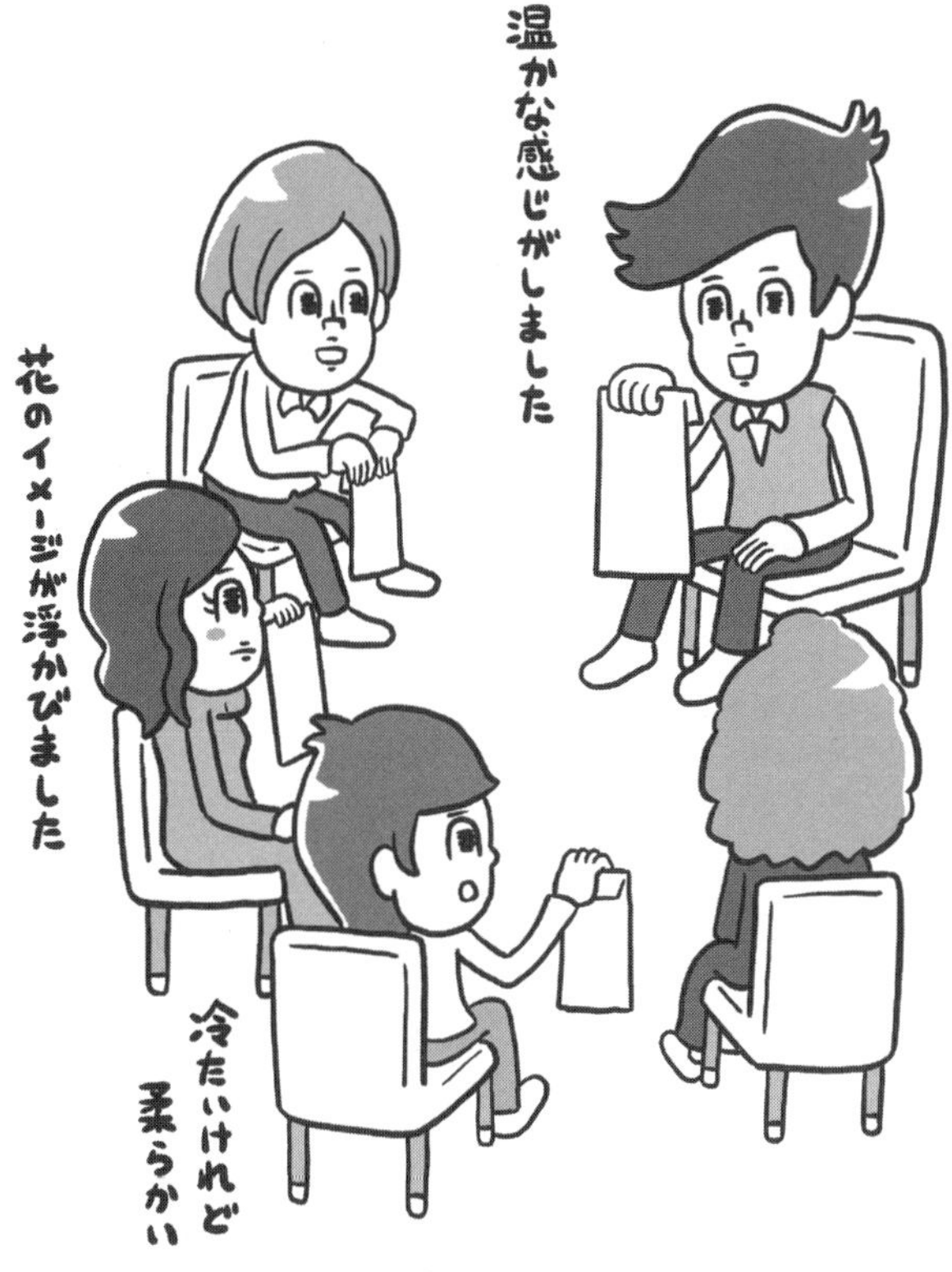
温かな感じがしました
花のイメージが浮かびました
冷たいけれど
柔らかい

視覚以外の感覚を使いながら……

「何だか存在感のない名刺〜」
「薄っぺらい……」
「温かさを感じません」

ちょっと散々な意見ばかりでした。たっちゃんは以後、「気持ちのこもっていない名刺ですが……」と正直に言いながら手渡すようにしたのだとか（笑）。ちなみに、たっちゃんが気持ちに正直になってから、この同じ訂正シールつき名刺を使って、札幌の「魔法学校」で名刺リーディングをやったところ、思わぬ言葉を聞くことになりました。

「木が生《お》い茂るイメージがします」
「何かが始まる予感がする」
「蓄えられた力が飛び出る感じ」

たっちゃんの気持ちひとつ、意識や意図が少し変わるだけで、スカスカだった名刺のエネルギーが変化したユニークなエピソードでした。

何回も名刺リーディングを体験した人は、今度は「本」でやってみるのも面白いでしょう。

名刺1枚と数百ページの本では差があり過ぎて、ちょっと気後れしてしまう人もいるかもしれません。しかし、紙の中にエネルギーがこもっていることにおいては同じです。何度か試してみるうちに、この本が今の自分にとって必要なのかどうか、たくさんの気づきが含まれているのかどうかがわかってきます。

ぜひチャレンジしてみてください。

5　今ここタイミング

自分の人生の流れや、行動のタイミングが合っているかどうかを計る簡単なワークです。例えば、出勤時の駅でのひととき。何気なく歩いていたプラットホームに、ちょうど**タイミングよく**電車が入ってくるかどうか。それとも行ってしまった後で、しばらくの間、待たされるかどうか……。

自分で車を運転するときに、**タイミングよく**青信号が続いて道路を走れることが多い日もあれば、逆に行く先々で信号待ちをさせられるのが重なる日もあります。

人と会うとき、どこかへ行くとき、何かを買うとき、頼みごとをするときや、頼まれごとをされるときなど、日常の中にはたくさんのタイミングが存在しているものです。

人生の流れや
行動のタイミングが
合っているかどうか

あなたのタイミングの状態はどうなのかを意識的に体感してみましょう。そこから人生の遅れや進み過ぎの流れ、または今、行なうべきことのタイミングを計ることができるようになるでしょう。

6　名前づけチューニング

このワークの内容を聞いた途端に、「えぇっ!?」と思われる方も少なくないかもしれません。逆に「あ、そうそう、そうね」と納得しながら、何の抵抗もなく実践できる方もいらっしゃるでしょう。

どのワークも同様ですが、無理やり行なう必要はありませんからね。もし何となくでも理解ができそうで取り組んでみようと思われるときには、リラックスした軽やかな気持ちで、遊び心いっぱいに楽しんでください。

これは私が感覚的に納得していることですが……、私たちのからだは地球に存在する物質でできていますよね。そして口にする食べ物も、同じように地球に存在する物質でできています。つまり、どちらも**地球の細胞のちっぽけな一部**だといえます。このことに何となくでも気づくのが、このワークをするときの前提です。

意識をもっと深めていきましょう。

私たちは約37兆個の細胞からつくられていると言われています。その細胞一つひとつにも膨大な情報が隠されていることは生命科学の分野でも明らかになっています。要は私たちがそれを知っているかどうか、気づいているかどうかの話なのです。

ここにいる「**私**」は、間違いなく生んでくれた両親の情報を遺伝子から受け継いでいますし、その両親もお互いの両親からの情報を受け継いでいます。そうやってさかのぼっていくと（紙に書くともっと想像しやすいかもしれません）、膨大な人数の、計り知れない情報の集大成が「**私自身**」なのだと理解できます。

私たちが住むこの地球という星に存在するあらゆるものには同じように、それぞれに**膨大な情報**が秘められています。そして、私たち人間の肉眼ではとうてい見ることができないほどのミクロの世界の中で素粒子が振動して、独自の周波数を発しながら成り立っています。

私たち人間もそうですし、動物も植物も昆虫もしかり、自然界に存在する鉱物にだって同じことが言えます。

そして、「場」や「建物」だけでなく、自動車やオートバイ、自転車、パソコンやテレビ、もっというなら身につける小さなアクセサリーに至るまで、無機物でできたあらゆるものにも**独自の周波数**があって共鳴し合っています。

つまり、私たちの世界は、さまざまなものたちが個別の周波数を発しながら、互いに共鳴し合っている世界なのだともいえるのです。ただ、その周波数を受信していることが理解できないと、共鳴していることの意識すらでききないでしょう。

例えば、ラジオという受信機と、ラジオ局が発信している電波の関係を想像してみてください。電波には個別に周波数があって、ラジオ各局が流す電波同士が混ざらないようになっています（もちろんテレビ局が流す電波や携帯電話の電波とも混ざりません）。受信機には**「チューナー」**というものが備わっています。そのチューナーを動かすことで各放送局の周波数を受信機がキャッチして、私たちは聞きたい番組を聞くことができるのです。意外とあまり意識を向けたことのない話でしょうが、そのような仕組みになっています。

ちょっと視点を変えてみましょう。物事にはいろいろな**「相性」**がありますよね。最たるものは「人間関係」でしょうか。職場や学校、もしくは家庭の中で、「どうもあの人とは合わない……」「夫婦の相性がよくない」などとつぶやく人も少なくありません。それって人間関係だけのことでしょうか？

「あの服を買ったんだけど、何だか着てみると合わないんだよね」

「携帯電話の機種変更をした途端に、内蔵カメラで撮る写真がイマイチでね。どうも写したい被写体とのタイミングがカメラと合わない」

「今度、引っ越した部屋、私との相性がばっちり！」

「このブレスレットをしていると、何だか気持ちが落ち着くんです」


いずれもどこかで聞いたことのあるような台詞《せりふ》でしょう。意識するか、意識しないかはさておき、私たちは人であれものであれ、「相性」という周波数を身近に感じながら生活しているのです。

さて、いろいろな話を書きましたが、**「名前づけチューニング」**というワークでは、タイトルどおりいろいろなものに「名前」をつけながら、より意識して接することで「相性」を体験してみるワークです。

名前をつけるものはなんでもかまいません。例えば、こんなエピソード……。

・愛車に「**チャーリー**」と名前をつけて、乗るたびに「ハイ、チャーリー。今日もよろしくね！」と声をかけることを心がけた。するとエンジン音がいつもより静かになり、心なしか燃費もよくなった。

・ふだん使っているパソコンを「**ジェシカ**」と呼ぶことに決め、仕事をする前に「おはようジェシカ、今日も一緒にがんばろうね」と声がけしていると、仕事がはかどるだけでなく、仕事上のいろいろな段取りもスムーズに運ぶようになった。

・お世話になっている自宅に「**ダイアナ**」と名前をつけて、いつも心の中で「ダイアナありがとう。いつも感謝してるよ」とつぶやきながら部屋のいろいろなところを触る。すると、家族の雰囲気がよくなり、家の中が明るくなった。

- お気に入りのネックレスに「**セシル**」と名前をつけて、大切な日（大きな会議や好きな人とのデートのときなど）は積極的に身につけるようにしていると、決まっていいことが連発する。その日の最後には必ず「セシルありがとう」とお礼を言うことにしている。
- 愛用している万年筆を「**ハルキくん**」と呼ぶようにしている。すると、文章がなめらかに書ける気がして、自分の思いを素直に活字にできるようになった。

このワークを実行したあなたの後日談も、よろしければぜひお聞かせくださいね。

ハ〜イ
チャーリー

おはよう
ジェシカ♥

7 ひらめきと思考力

最後の7つ目のワークは、あなたがいつも買い物に行く先……コンビニやスーパーマーケットなどで試してみましょう。

たとえばコンビニに「梅おにぎり」を買いに行ったとします。

お弁当コーナーへ行き、仮に10個並べられた「梅おにぎり」の中から、今の自分にとって必要なおにぎりを選ぶのです。このとき、できる限り「思考（Think）」をつかって選ぶのではなく、**「感覚（Feel）」＝「ひらめき」**で選ぶようにしてみてください。

いったい、どれが私の選ぶべきおにぎりなのか……。最初は戸惑う人が多いようです。10個の中のどれなのか？　当たりがあるのか？　ハズレてしまわないか？　いろいろと考えてしまいがちですが、回を重ねていくうちに、いちばん適したものがわかるようになってきます（このワークは「当たり」

とか「ハズレ」で測るものではありません)。
だいたい、次のような感情がわいてきたら「思考」だと思ってください。

- 選ぶものに理由をつけていたら＝Think
- 3秒以上、考えていたら＝Think
- 選ぶことへの説明が入ったなら＝Think

お総菜を買うとき、ペットボトルの飲料水を買うとき、パンを買うとき……などなど、品物のアイテムを変えながら試してみるのもいいでしょう。

また、今夜の夕食用の食材を買いに行くときには、

「家族にとって必要なものは?」

というお題目を立てながら**「ひらめき」**を楽しんでみるのも効果的です。

ある主婦のエピソードです。

自宅を出るときは家族のみんなに「今夜は焼き肉ね～」なんて言ってきたものの、いざスーパーに着いて店内を歩いているうちに、だんだん気持ちが「カレー」に傾いてきました。というよりも**「焼き肉」に違和感を覚え始めた**のだとか。そこで思考を働かせたくなかったので、結局はひらめくままに、夕飯はカレーの材料を購入したそうです。

この7つ目のワークでは、特に男女の差が如実に出てしまうことが多いものです。

例えば男性の場合、「焼き肉の材料を買ってきて！」と頼まれれば、大半はほぼ間違いなく言われたとおり、焼き肉に必要なものだけを買って帰るでしょう。

「思考(Think)」ではなく「感覚(Feel)」を使おう

ところが女性の場合は違うんですね。頭のどこかで明日のことも考えているので、焼き肉の材料もさることながら、食材を見ているうちについついカレーに引かれることもあるわけです。その結果、ひらめいたものをカゴの中に入れている……。

ワークをするときに大切にしていただきたいことは、**静かな気持ちで自分の心にわいてきた感情と素直に向き合ってほしい**――ということです。そして、ワクワク楽しいときの自分自身の感覚を、しっかりと意識してみましょう。気持ちに迷いがなくなって選択もスピーディになるはずです。

F先生と仲間たち②

「意識して遊ぶ」を本気になって楽しもう

からだの通訳者　滝村桂子《たきむらけいこ》（タッキー先生）

普天間さんを神戸に初めてお招きしたのが2012年。五感を磨くワークショップ「魔法学校」と銘打ちながら、主宰の私自身、最初はその意味をまったくわかっていませんでした。

セミナー以外の時間にも「どうしてこの道を通るの?」「どうしてこの場所を選んだの?」。果てはコンビニで「今の自分に必要なおにぎりと水を選んでごらん」と意味不明な質問攻めにあって、私は疲労困憊《こんぱい》。どれだけワークショップの開催を後悔したかわかりません。

後に、これが第2章で紹介される「第六感的神社めぐり」や「からだ風水」のように、「五感を使って意図してものを選ぶ」ということの実践練習だったと気づくことになります。普天間さんは、今でもこの話を「魔法学校」のときによく紹介されています。私は選ぶときに、常にこれで合っているのかどうかがわからなくて、モヤモヤしていました。けれどもじつは正解かどうかは問題ではなく、「意図して選択する」という練習を日々繰り返すことが最も五感を磨く近道なのだということを教えていただいたのでした。

「魔法学校」の常連の皆さんはこの話をきっかけに、「意図して選ぶ」ということを本気で楽しみながら練習しておられます。買いたい本も平積みの中から自分にぴったりの1冊を選ぶ。道が二通りに分かれていたらワクワクするほうへ行ってみる。自分にぴったりのものを選ぶとそこに悩みの解決のヒントを見つけたり、会いたかった人に会えたり。「感じて選ぶことを少し丁寧に意図すると、毎日がたくさんの気づきであふれていることを実感した」と皆さんおっしゃいます。

そしてさらに、自分が身につけるもの、使うもの、住む場所などについて、どんどん自分らしくいられるための選択が確実にできるようになっていくようです。

こうして五感を磨くことによって、迷わず楽しく生きられるようになった方々は、よいご縁が増えて、あっという間に人生もステップアップしておられるように感じます。

私自身も私たちの「からだ」に対して、意図して丁寧に向き合うことで、「からだの声」をたくさん聞けるようになりました。ぜひ、皆さんにも五感を磨いた先にある第六感を使って、幸せな人生を過ごしていただきたいと思います。

●神戸女子薬科大学薬学部薬学科卒業。薬剤師、心理カウンセラー、絵本セラピストの資格をもつ。東洋医学、生理学、心理学などから学んだ経験をもとに、からだ占い®を考案。からだの部位それぞれからの声を伝える「からだの通訳者」としても活躍中。著書に『からだの声、聞いてる?』(サンマーク出版刊)がある。

第3章

「五感」をつかえば人生はもっとキラキラする

独自の文化が栄える沖縄

私が生まれ育った沖縄には、本土とはあらゆる面で異なった文化が生まれ、それは今でも残っています。古くは1429年から1879年の450年間、沖縄本島を中心に大小160の島々からなる巨大な海洋国家「琉球王国（正式には琉球國）」が栄え、人々は独自の生活を営んでいました。

その名残もあって、沖縄に暮らしている人は、今でも自分たちのことを「沖縄人《ウチナンチュ》」と呼びます（ちなみに本土の人のことを「大和人《ヤマトンチュ》」と呼んでいる人もいます）。

日本列島の中でも、とびっきり太陽のエネルギーが強い沖縄では、植物も魚も、いろいろなものの色彩が鮮やかです。エメラルドグリーンの海の底には真っ白で幻想的な珊瑚礁《さんごしょう》があり、沖縄だけで約200種類も生息しているほどです。
彼らは、二酸化炭素を吸収し、酸素をつくり出す働きをしています。珊瑚は海を浄化するだけでなく、他の生物の生態系のためにも重要な役割を果たしているのです。

沖縄といえば、最も台風に見舞われることが多い地域です。さらには雨や風だけでなく、夏場の日差しが猛烈に強いことから熱中症対策も欠かせません。日常的にさまざまな自然の猛威と向き合うことが当たり前の沖縄では、ふだんから真剣に自然と対峙《たいじ》しながら生きていかないと、命を落とすことにもなりかねないくらいです。

そのような特性をもった「沖縄」には、至るところに面白い風習が残っています。いくつか例を挙げてみましょう。
例えば**「石敢當《いしがんとう》」**という文字が彫られた表札のようなもの。三叉路《さんさろ》のとこ

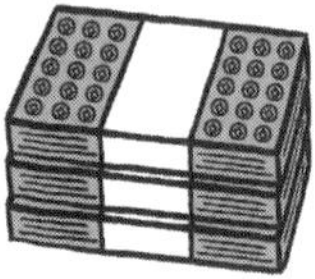

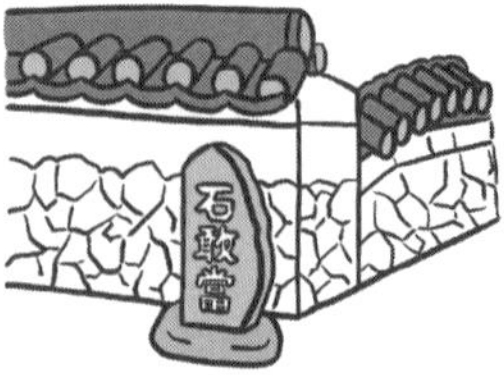

ろに建つ家の前に置かれたり、家の門柱などにも貼られたりしています。沖縄には**「マジムン」**と呼ばれる直進しかできない魔物が潜んでいるといわれますが、それを追い払うためのお札なのです。

「シーサー」は全国的に知られる沖縄を代表するイメージキャラクターといっても過言ではないもの。家の屋根や門柱、玄関など、至るところに置かれているのを見たことがあるでしょう。伝説の聖獣であり、「家の守り神」「福を呼ぶ縁起物」として、災難が起きないように「魔除《まよ》け」のために置かれています。「口を開けたほうが魔物を威嚇し、福を招き入れる」「口を閉じたほうは家を守り、福を逃さない」といわれています。

沖縄には、ご先祖さまを敬う行事に「清明祭《シーミーサイ》」(旧暦の3月ごろ)や、お盆(旧暦の7月13日~15日までの3日間)があります。そのとき、お見送りするお供え物の中には**「ウチカビ」**と呼ばれるあの世の〝お金〟も用意します。原料には藁《わら》が使われ、黄土色の紙の全面に銭形がしるされています。ご先祖さまが困らないようにという願いを込めて捧《ささ》げるのです。

そして、沖縄には**「ユタ」**と呼ばれるシャーマンや**「神人《カミンチュ》」**がいます。

ユタは、主に向き合う相手の「今」を見る人のことです。ご先祖さまとのつながりや関係など過去を見ていきながら、霊能的な力によって災厄から身を守るための知恵と手段を伝えてくれます。また、日常生活の小さなことや起こっている不幸、災いを解決する方法も教えてくれることから、**「医者半分ユタ半分」**という諺《ことわざ》があるほどです(沖縄出身のアーティスト・BEGINも同名の曲を歌っています)。

「体調が悪ければ、まずはユタに診てもらえ」と医者も言うほどユタは生活と密着していて、地位も高く、信頼されています。古くから代々、同じユタに診てもらっている家もあるほどです。

神人は、神さまや大いなる超自然的な存在と交流、または交信するような、神職の役割を担った人たちのことをいいます。

沖縄本島の東南端にある琉球王国以来の聖地「久高島」には、次のような言葉が残っていて、今でも大切にされています。

「男は海人《ウミンチュ》、女は神人」

現代ではそれを商売としている怪しい神人もどきまで現れて様相は変化していますが、ほんとうに力のある神人は今でも存在していて、大事な役割を担っています。

いかがでしょうか。このような厳しい大自然の表情やちょっと不思議な文化が色濃く残っている沖縄ですから、土地そのもののエネルギーが高いスポットも少なくありません。精神的な感度の高い人は、その場所に行くと頭痛がしたり、気持ちがザワザワしたりしてしまうこともあるほどです。

当たり前すぎてわからなかったこと

私が沖縄の素晴らしさをあらためて知ったのは、大人になってからずっと後のことです。県外に出かけたり、そこで出会った人たちと仲良くなったりすることで、じつは生まれ育った場所にあふれている自然の豊かさや、長年一緒に暮らしてきた家族や友人知人のありがたさを身に染みて感じるようになっていったのです。

ご存じのように沖縄は米軍基地が占める割合が国内でもいちばん高いため、それが経済にも影響していて、お世辞にも働き口が安定しているとはいえません。

私や同世代の人たちは大家族がほとんどでしたから、どの家も食べていくことで精いっぱい。本来沖縄のもつ豊かさに目を向けて、それを**「素晴らしい！」**と意識することなどは少なかったように思います。

そのような状況ですから、「沖縄人」がもっている当たり前の気質や性質に気づかされたのも、ずっと後になってからのことです。

一例としてご紹介しますが、知人の女性には、このような人もいました。私と一緒に歩いているときのことです。彼女から急にこんな言葉を聞かされることが度々ありました。

「あっ、あそこにいるね。見える？」

そう言われた方向を見ても、私の目には何も見えません。ただ、見えないけれど**何かがいること**は感じます。彼女は「見える人」で、私は「感じる人」。彼女は今でも亡くなった人の姿を見ることができるのです。

余談ですが、飲食店で働いている彼女の話によると、誰もいないのに自動扉が開いたときには、ほぼ間違いなく、必ず誰かが入ってくるのだそうです。

彼女にはそれがわかるので、

「いらっしゃいませ」

と一応は言うそうです（笑）。

またあるとき、誰もいない掘りごたつの周りに掃除機をかけていたときの対応は、私も見ていて思わず笑ってしまいました。

「ぼく、こんなところに座っていてはいけないよ〜」

まるで普通に生きている子どもに話しかけるような振る舞いなのです。

もちろん、沖縄県民の誰もがそのような感性をもっているわけではありませんから誤解のないように（笑）。学生時代なら、だいたい1クラスに2、3人でしょうか。見えたり、聞こえたりする感覚に長《た》けている同級生がいました。

そのように**目に見えないものと対峙する人の存在が日常的にも当たり前**で

したので、それを特殊なことだと思ったり、奇異な目で見たりするようなことはありませんでした。

ただ、沖縄の中でも、そのような話題にまったく関心のない人もいますし、好まない人がいることも付け加えておきます。

必ず知っていただきたい「五感」の話

さて、いよいよ本題に入りましょう。

私が「五感」や「第六感」のことを意識し始めたのは、「足もみ師」となり、お客さまと1対1で向き合うようになってからのことは書いたとおりです。足の裏をとおして月間100人以上の人たちと時間を共有しているうちに、いかに意識とからだが離れてしまっているのか、さらには、いかに**「思考」と「感覚」が驚くほどバラバラになってしまっている**のかを思い知らされました。

自分自身のからだや感覚でありながら、まるで他人事《ひとごと》のように一体感のない人が年々増えてきました。それにはちょっと恐ろしさすら感じてしまいます。

目に見えないものが見える特性はありませんが、感覚的に**「わかる」**というのが私の強みでした。施術をしながらその感覚をフル活用して、とにかくわかったことをお客さまに伝え続けたのです。

人間は「五感」をとおして、この世界とつながっています。**「視覚」「聴覚」「嗅覚」「味覚」「触覚」**の5つのことです。この5つの感覚で得た情報を、自分の中の経験、記憶などと照らし合わせながら、さまざまな選択を繰り返して**「今を生きている」**のです。

もし、「五感」すべての機能が閉ざされてしまったとしたら、いったい私たちはどうなるでしょうか？　自分のことを認識できるのでしょうか？

私たちは「五感」で世界とつながりながら、**「違和感」**という感覚をもって世界と自分との違い、自分と他との違いなどを感じ取って「生きること」を選択しています。

5つの感覚を今一度おさらいしておきましょう。

「視覚」……目で見る感覚
「聴覚」……周波数の音波を耳で感じる感覚
「嗅覚」……鼻でにおいを感じる感覚
「味覚」……舌で味を感じる感覚
「触覚」……手や肌で触れる感覚

感覚が鈍れば「脳」も衰える

「五感」の働きが鈍ってくる……ということは、脳の機能そのものが衰えてくるということにもつながります。そうなると創造性までが失われていくでしょう。以前、脳科学者の茂木健一郎さんがラジオ番組でこんなことをおっしゃっていました。

創造性＝「体験」×「意欲」

「人は生まれてからさまざまなことを体験し、それが経験値となって脳にストックされていく。そのような『体験』と『意欲』がかけ算となって『創造性』というものが成り立っているのだ」と茂木さんは言います。

現代社会では、脳がすぐに疲弊《ひへい》してしまうような情報過多である上に、記憶力や計算能力ばかりが求められています。ましてや「体験」のつなぎ役でもある「五感」までもが鈍り始めたら、実際に積み重ねていく体験も少なくなりますし、意欲すらわかなくなるでしょう。

「人間は人生経験が長ければ長いほど、ほんとうなら創造力を発揮するチャンスが増えるのではないか」と茂木さんは希望的なコメントも付け加えていました。

よろしければ本書の「はじめに」を再読してみてください。

現代を生きる私たちの日常生活では、「五感」をつかわなくて済むことが年々、増えていっているように思えてなりません。

本来の**「嗅覚」と「味覚」**は、共通の感覚として連動して働くことが多いものでした。例えば目の前の料理のにおいを鼻で嗅《か》ぎ、それから口に運んで味を確かめる。よく昔から「風邪《かぜ》をひいたら料理がおいしくない」といわれてきたのは、風邪をひいて鼻が詰まってしまうと料理のにおいがわからないことから、味までおかしく感じてしまうことを表現していました。

ところが、化学調味料や人工甘味料、保存料などが多く使われている食べ物に慣れている現代の子どもたちは、身体的な栄養不足と味覚障害を起こしてしまいがちなので、**「おいしい!」**という実感がもてないまま大人になっ

郵 便 は が き

料金受取人払郵便

新宿北局承認

9181

差出有効期間
2026年1月
31日まで
切手を貼らずに
お出しください。

169-8790

174

東京都新宿区
北新宿2-21-1
新宿フロントタワー29F

サンマーク出版愛読者係行

愛読者はがき

1 お買い求めいただいた本の名。

2 本書をお読みになった感想。

3 お買い求めになった書店名。

市・区・郡　　　　町・村　　　　書店

4 本書をお買い求めになった動機は?

・書店で見て　　・人にすすめられて
・新聞広告を見て(朝日・読売・毎日・日経・その他=　　)
・雑誌広告を見て(掲載誌=　　)
・その他(　　)

ご購読ありがとうございます。今後の出版物の参考とさせていただきますので、上記のアンケートにお答えください。**抽選で毎月10名の方に図書カード(1000円分)をお送りします。**なお、ご記入いただいた個人情報以外のデータは編集資料の他、広告に使用させていただく場合がございます。

5 下記、ご記入お願いします。

ご職業	1 会社員(業種　　)2 自営業(業種　　) 3 公務員(職種　　)4 学生(中・高・高専・大・専門・院) 5 主婦　　6 その他(　　)		
性別	男・女	年齢	歳

ホームページ　http://www.sunmark.co.jp　ご協力ありがとうございました。

ご 住 所	〒 都道府県	
フリガナ		☎ ( )
お 名 前		
電子メールアドレス		

ご記入されたご住所、お名前、メールアドレスなどは企画の参考、企画用アンケートの依頼、および商品情報の案内の目的にのみ使用するもので、他の目的では使用いたしません。

尚、下記をご希望の方には無料で郵送いたしますので、□欄に✓印を記入し投函して下さい。

□サンマーク出版発行図書目録

てしまうことも多いようです。

「おいしい！」という感覚が脳に伝わると、それは**「快感」**という感覚を生み出し、そこから「ドーパミン」という物質が脳の中でつくられるようになります。

ドーパミンとは神経伝達物質のことで、快感、幸福感、意欲、運動調節といった機能と関わる脳内ホルモンのひとつです。次のようなときに分泌されるようです。

「おいしい！」…嗅覚と味覚が喜んだとき
「嬉《うれ》しい！」……心がワクワクして楽しいとき
「やった！」……希望や念願がかなったとき
「素敵！」………美しいものを見て感動したとき
「がんばろう！」…意欲がわき上がってきたとき

「おいしい！」という実感をもてず、脳内ホルモンのドーパミンが分泌されなくなると、イライラが収まらなかったり、すぐにキレて暴れたりするわけです。今はそうした人が増えてきていると感じますが、いかがでしょうか？

身近に思い当たる人たちはいませんか？

「五感」と「脳」の関係を次の図で表現してみました。

自分の頭の中でどんなことが起きているのか、イメージしてみてください。

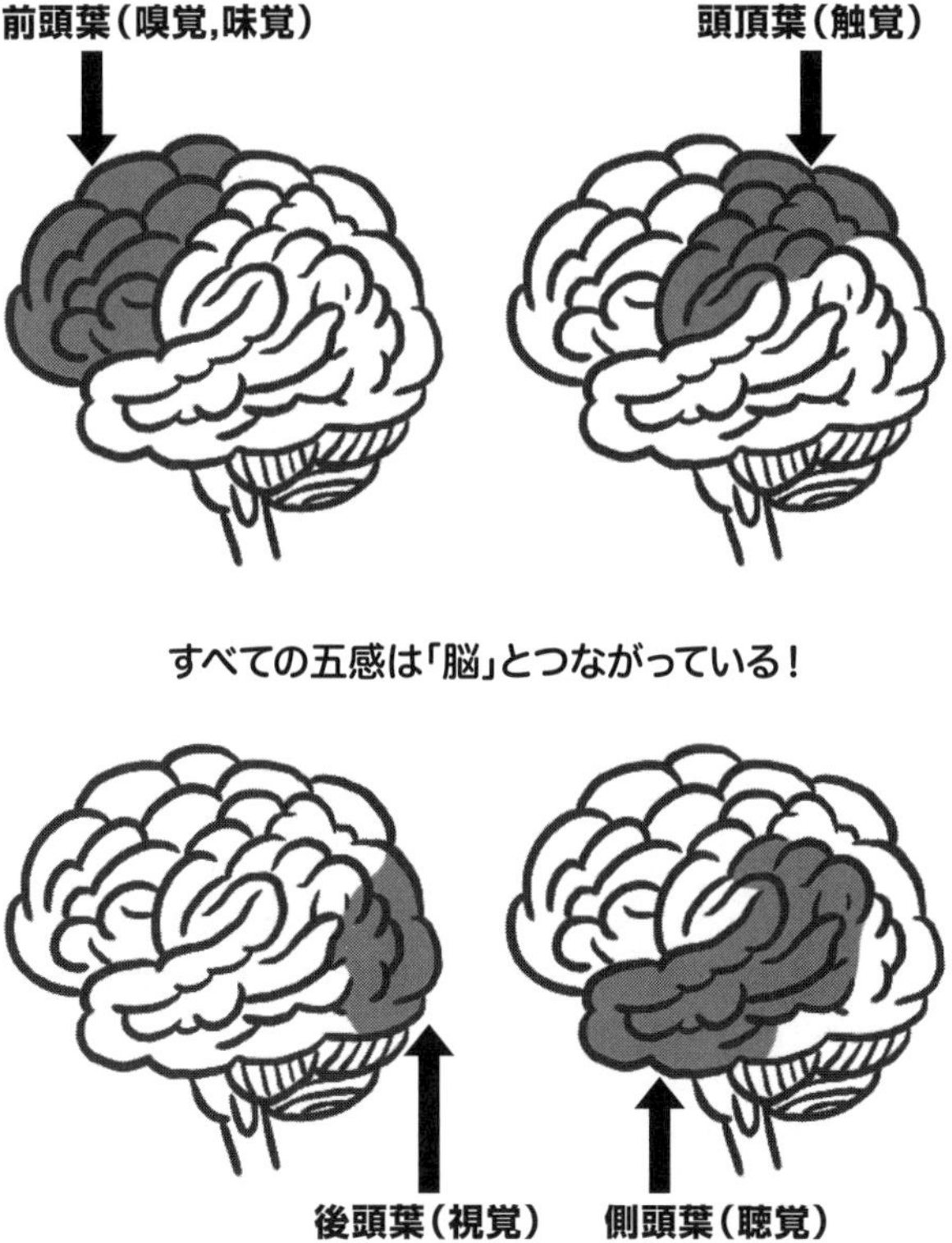
前頭葉（嗅覚,味覚）
頭頂葉（触覚）
すべての五感は「脳」とつながっている！
後頭葉（視覚）
側頭葉（聴覚）

まとめてみると、こんな感じ！

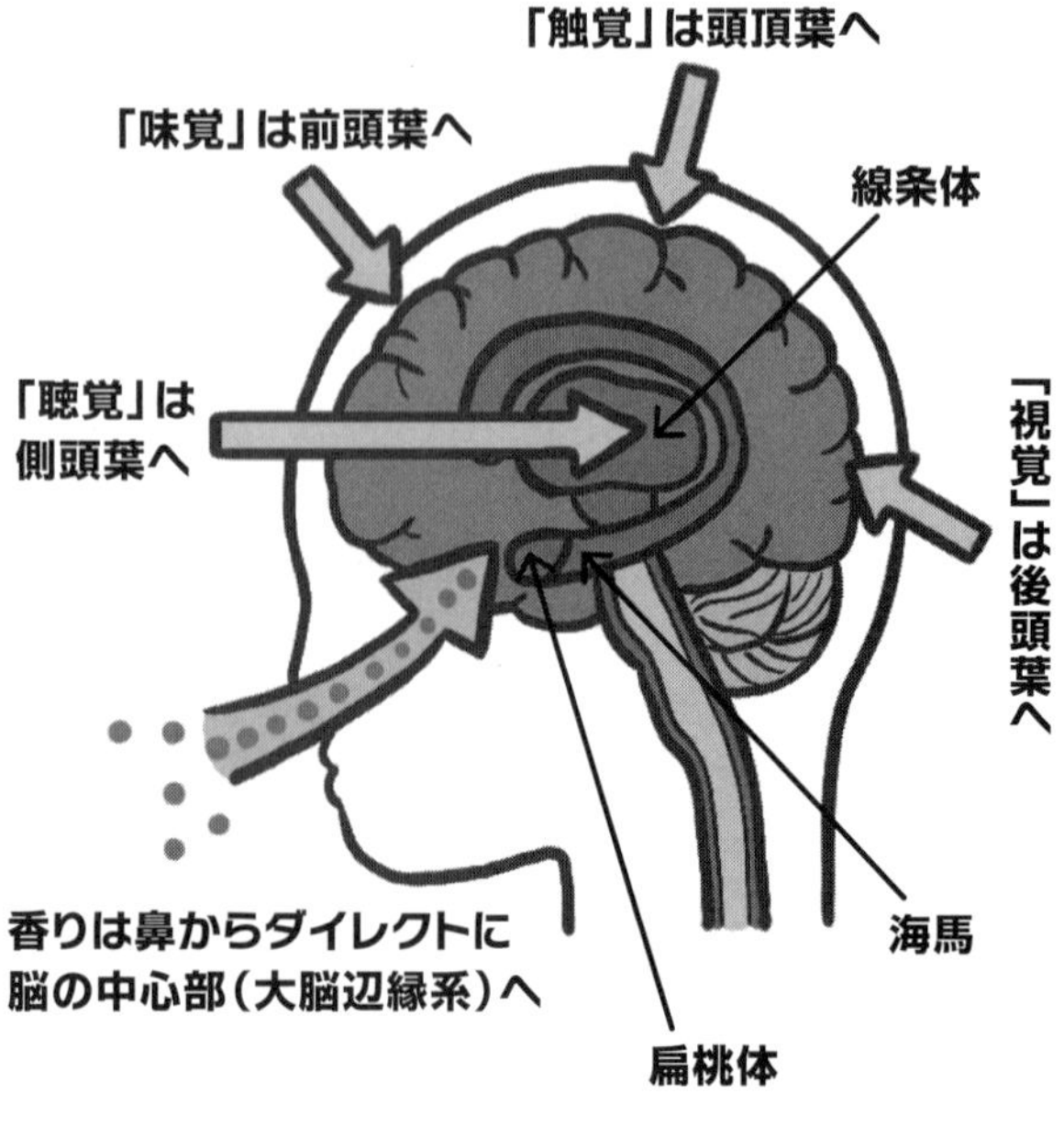

「頭で食べる＝情報で食べる」ということ

朝食でも昼食でも夕食でもかまいませんが、私たちはあふれんばかりの情報に振り回されながら、たった1回のメニューを決めることすらしっかり考えられなくなっています。

例えば、街でよく聞こえてくる、こんな会話……。

A子「何食べようか？」

B子「とりあえずイタリアンにしない？」

A子「食べログのイタリアン・ランキングで1位になったお店の2号店が駅前にオープンしたよ」

B子「じゃあ、そこに行こっか！」

A子「あのお店のシェフ、最近よくテレビや雑誌に出ているからおいしいかも〜」

情報では見聞きしているものの、体験がないから自分自身の舌や感覚を信頼できず、知っただけでわかった気になってしまったり、書かれた情報だけをうのみにしてしまったりしていることが多くありませんか？

テレビを観《み》て、雑誌を読んで、誰かがネットに投稿した口コミをチェックして……。情報がひとり歩きをして、行列が絶えないお店もあるほどです（もちろん味のよさで行列が途切れないお店もありますが）。

でも、そろそろそういった情報への依存をやめて、**あなた自身の「五感」**を取り戻してみませんか？　自分の内なる感覚と外の世界をしっかりつなげて、もっと自分らしい人生を生きてみようではありませんか。

「五感」は今を生きるためのものです。

「五感」が鋭くなってくると、一瞬一瞬、密度の濃い時間が体験できるようになっていきます。時間の密度が濃くなってくると、自分が感じる幅も広くなって、見える世界がまるっきり変わっていくのです。

その結果、次のような変化が味わえるでしょう。

「五感」が鋭くなってくると……

- 記憶力がアップする
- 思考がクリアになる
- 直感で物事が判断できる
- いろいろな「気」がわかる
- 感情を素直に受け止められる
- 自分のからだを大切にできる
- からだの細胞が喜ぶのがわかる
- 「第六感」の鋭さを実感できる

少しずつ忘れてしまっている感覚を取り戻すために、まずは準備運動のような気持ちで、本書の巻頭にも掲載した**「感覚を磨くために必要な4つのこと」**を実行してみてください。情報の渦に巻き込まれてしまっている、あなたの思考をあなた自身のからだに戻すのです。

①意識する
②丁寧にする
③決断する
④研ぎ澄ます

①意識する

「意識する」とは、**そこにあるものをしっかり感じ取ること**をいいます。

あらゆる物事、自分を取り巻くすべてに意識を向けることで感受性を磨く入り口に立てるようになるのです。

また「意識する」とは言語に変換できることでもありますので、言語化できたものは**「記憶される」**ことにつながっていきます。

脳の中の**「海馬」**（P138参照）は体験したことをまず記憶する部分です。私たちは毎日たくさんの体験をしていますが、「海馬」にファイルされるのは、せいぜい1週間から10日あまり。さらに大切だと判断されたものだけが、今度は**「大脳新皮質」**にファイルされるそうです。

「意識する」体験を重ねることは、多くの記憶を重ねていくことであり、重ねられた記憶の情報が多ければ多いほど、思考の情報処理能力もアップします。これまで、ただ何となくやっていたことを少しだけ意識するようにしてみましょう。

②丁寧にする

「丁寧にする」とは、「物」をただ「もの」として見るのではなく、**存在するすべてにきちんと意識を向ける**ことをいいます。

２０１５年は、天才科学者アインシュタインが「一般相対性理論」を発表してから、ちょうど１００年を迎える年でした。アインシュタインは独自の研究によって、さまざまな理論を打ち立てましたが、**「時間は不変ではない」**ことを説きながら、動いているものの時間は遅れ、同様に長さも変わり、絶対的なものは光の長さだけであると語りました。

例えば、好きな人と会っているときの時間と、つまらない講演や講義を聞かされているときでは、時間の進み具合は同じでしょうか。

ほとんどの人にとって、好きな人と会っているときのほうが、時間が短く感じられるはずです。

情報が過剰に多い現代の社会では、何ごともペースが速すぎてしまいますので（特に東京に滞在しているとそれを切に感じます）、あえて**「丁寧にする」**ことを心がけてみましょう。そうすることによって、これまでは気にも留めなかったことにもきちんと向き合えるようになり、そこに意識を注ぐことができるようになります。

急がず、慌てず、丁寧にやってみましょう。

③決断する

「決断する」とは、自分の奥深くからわき出る声に耳を傾け、その声に従って選択することをいいます。

人生という長い旅路の中では、いくつもの「選択」が待ち受けています。同時に、日々の生活においても、私たちは大なり小なりさまざまな選択と決断を繰り返しています。しかし、いろいろなことが頭の中で未整理のままだと、いざ決断を迫られたときに迷いが生じてしまいます。

ところが、ふだんから思考や行動を「意識する」ことと「丁寧にする」ことを心がけていると、自《おの》ずとすべてが整理されていき、**「決断する力」**が向上していきます。慣れるまで最初はぎこちないかもしれませんが、何回も練習してみてください。ある日、心の中に**「決心」**という一本の軸がスッと立つ瞬間がわかるはずです。

④研ぎ澄ます

「研ぎ澄ます」とは、心を自分の中心軸からぶらさず、物事の神髄を瞬間に感じ取ることをいいます。これまで紹介した①〜③までの3つのことをいつも忘れないようにしながら、「五感」をさらに研ぎ澄ませる練習を怠らないようにしていきます。

そうやって「五感」を研ぎ澄ませていくことで、その先にある**「第六感」**を感じることができるようになるのです。外側からやってくる情報にとらわれず、たんたんと自分自身を高めていくイメージを忘れないでくださいね。

「五感」を研ぎ澄ますためのレッスン

①〜④までの4つのことを頭の片隅にとどめながら、ではどうやって**「五感」**を研ぎ澄ませていけばいいのか——。いつでも、どこでも簡単にできる

レッスンをご紹介していきます。全部を順番にしてみてもいいですし、どれかを選択してトライしてみるのもいいでしょう。軽やかな気持ちで取り組んでみてくださいね。

視覚

- 遠くの山や緑などの景色を眺める
- 道端に咲いている草花を愛《め》でる

パソコンやスマートフォンの画面から目を離して、毎日数分間でもいいので遠くの景色を眺めてみましょう。そして赤、黄、緑、青など、なるべく自然の中にある美しい色を見ることです。できるだけ心をリラックスさせながら、定期的に実行してみましょう。

ひと言で「緑」といっても、この世界には何種類もの「緑色」が存在します。今日、目にしたものが昨日とどう違うのか？　そんなことを意識的に想像してみるのもいいでしょう。

聴覚

・好きな音楽やラジオを聴いてみる
・風や雨の音など、自然の音に耳を傾けてみる

感覚の大半を占めている「視覚」を休めて、音として入ってくる情報だけに耳を傾けてみましょう。目を閉じて、音に意識を向けながら、それを頭の中でイメージしてみるのです。まったく音がしない空間など、まずほとんどありません。

今、あなたにはどんな音が聞こえるでしょうか。

このレッスンによって、これまでは何気なく聞いていた音がイメージとして受け止められるようになるでしょう。音の伝わり方や響き方にも興味をもつと、音の世界がさらに広がっていくはずです。

嗅覚

・においから料理をイメージしてみる

・場所によって違うにおいを感じてみる

嗅覚は五感の中でも他の感覚と違い、本能的な感覚としてダイレクトに**「大脳皮質」**や**「扁桃体《へんとうたい》」**に届く、大きな刺激を受けやすい感覚です。これまでに体験した香りやにおいを思い出しながら、想像力を働かせてみるのもいいでしょう。

部屋の中の香り、外の香り、朝の香り、昼の香り、夜の香り、晴れの日の香り、雨の日の香り、などなど……。自分から積極的に、香りやにおいに意識を向けてみてください。そのときの出来事とセットでインプットされた香りやにおいは、ずっと記憶の中に残るものです。

味覚

・素材を大切にした料理を食べてみる

・添加物、化学物質が多く使われた食べ物をやめる
まず私がお伝えしたいのは、なるべく良質な素材をつかったもので、手づくりの料理を味わってほしいということです。何も高価な食材やプロの料理人のような腕前でなくていいのです。

ともかく味覚は体験した以上のものを感じ取ることはできません。感覚がまひしてしまうような材料は避けて、丁寧につくられたものを食べてみてください。さらには「おいしい」という言葉以外の表現をしてみることもお勧めします。甘かったり辛かったり酸っぱかったり……。味を表現する言葉にはいろいろありますから、できるだけ豊かな表現をしてみてください。

触覚

・木や花など自然に存在するいろいろなものに触れてみる
・洋服やアクセサリーなど身につけるものの質感を確認してみる
いつも室内だけにいると、どうしても手に収まる小さなものにしか触らな

い傾向にあります。たまには外に飛び出して、ゴツゴツしたもの、ツルツルしたもの、ヌルッとしたものなど、どんどん触ってみてください。

最近は衛生管理の問題から、むやみに触ることは御法度のような風潮もありますが、生き物としての危険回避能力を維持するためにも、**「触る」**ことは大切です。

料理にチャレンジしてみるのも素晴らしい体験でしょう。料理中はさまざまな感触や温度、形、色などを体験できるので、触覚以外の感覚も刺激されます。

赤ちゃんを育てたお母さんの気持ちのように

「五感」というものが、あまりにも自分に密着し過ぎて客観的にとらえることができないという人は、例えばお母さんが生後間もない赤ちゃんと向き合う姿を想像してみてください。もしくは、実際に育てた体験をした、あのころの感情を思い出してみてください。

最初はわかりにくいですが、子育てを始めていくうちに、赤ちゃんの泣き声や表情を察知して、母親はだんだんといろいろなことを理解していきます。

「お腹《なか》が空《す》いているのかな？」

「おむつを替えてほしいのかな？」

「からだの具合が悪いのかな？」

お母さんは**自分の全身で赤ちゃんのすべてを受け止める**のです。

赤ちゃんは声を出すか表情を変えるかしかできませんから、お母さんはわずかな変化から赤ちゃんが発するメッセージを受け取ります。他の人が聞いたら同じように聞こえる泣き声でも、何を伝えているのか瞬時に判断できるのです。そのときの母と子のやり取りは、まさしく**五感と五感のコミュニケーション**以外の何ものでもありません。

お母さんは十月十日の間、お腹の中で赤ちゃんと対話をしてきました。何気なく増えていくひとり言も、すべて赤ちゃんは聞いているといいます。お腹の赤ちゃんに言葉がけをしたら、タイミングよくお腹を蹴ったりすることもあるそうです。それも赤ちゃんがちゃんと問いかけに答えてくれているからなのでしょう。

言葉を超えた感覚の世界では、お母さんと赤ちゃんはすでにつながっているわけです。

先日、ある方から聞いた話です。

子どもさんが大きくなって、小さかったころより会話が減ったけれど、洗濯物をたたみながらその子の衣類に触れるだけで、今の状態がわかるということでした。

いくつになっても深いところで子を思う母親の愛情が、感覚を通じてあふれていることを思い知らされるエピソードですね。

F先生と仲間たち③

変わらずに「普通」であることの大切さ

株式会社ぷれし〜ど　代表取締役　高島《たかしま》 亮《りょう》

僕は2009年から月に1回、天才コピーライター・ひすいこたろうさんの講演会を主催させていただいていますが、あるときひすいさんが、やたらと普天間さんや沖縄の話をしたことがありました。そして、沖縄は昔から目に見えないものと現実を融合させている土地で、ある意味で時代の先取りをしていると思うから、沖縄に行くツアーを「やりたい」「やりましょうよ」「やってください」「やるべきだ！」と、だんだんテンションも上がってきて（笑）。

あの勝海舟がアメリカへと渡って坂本龍馬に新しく来る社会のビジョンを伝えたように、僕たちが本土と沖縄をつなぐ架け橋となるようなツアーをやるべきだと、あまりにも熱弁するもので、2011年に第1回「ひすいこたろうさんと行く沖縄マジカルツアー」を開催することになりました。普天間さんとはそのときに初めて出会ったんです。

僕が普天間さんに対して抱いた印象は……それは今でも変わりませんが、「(いい意味で) 普通の人だな」というものでした。すごい能力をもっていることも素晴らしいことですが、それ以上に「普通であること」が僕は大事だと思っています。これまでいろいろな能力をもった方々とも接してきましたが、その力を特別視し過ぎて「普通でなくなる」と、ごう慢になったり依存を生んだりしてややこしいことになるという例もたくさん見てきました。なので、普天間さんとご一緒させていただき、お世話になっていくなかで、その能力や言動を「すごいな!」と思いながらも、普通のままの変わらない姿にいつも好感をもっています。

第1回目のツアーで、希望者と普天間さんのセッション (個人相談) が行なわれました。僕も背中を押されて受けましたが、開口一番「知っていることと、わかっていることは違うよ」と言われました。「鎧《よろい》をいっぱい着てるね。10枚くらい。脱いでいったほうがいいよ」って。ああそうだな、痛いところを突かれたなと感じましたね。

そのときは、ただそう感じただけでしたが、4、5年経《た》って振り返ってみると「随分とゆるんだなぁ～」って自分でも思います。少しずつ鎧を脱いで、心がゆるんでいくとともに、毎日を楽に楽しく過ごせるようになりました。普天間さんのひと言が変わるきっかけになったよね～って実感しています。

●東京大学卒。大手化学メーカー、出版社勤務を経て、2000年に（株）ぷれし～どを設立。小林正観さんの見方道を伝える「正観塾」師範代。講演会やセミナーの主催、さらに自らの語りを通じて、「毎日を楽しく豊かなものにする」ためのきっかけやヒントを提供している。著書に『ぼくが正観さんから教わったこと』（風雲舎刊）などがある。

第4章

「第六感」は五感の先にある感覚

「第六感」は何のためにあるの？

前章では**「今をキラキラと生きるため」**に五感が大切なことについて書きました。五感と脳の関係にもふれながら、感覚や感性がいかに自分らしく生きることとつながっているのかがおわかりいただけたと思います。

そのような五感の先にある感覚が、本書のテーマにもなっている**「第六感」**の存在です。「第六感」が何のためにあるのか……。私は次のように定義しています。

「今を楽しく生きるため」

五感そのものの感覚が衰えてしまっている現代人は、さまざまな情報に振り回されながら常に迷う人生を過ごしています。まさに右往左往という言葉そのままに、あっちにふらふら、こっちにふらふら……。「戸惑いながらの人生」という表現がぴったりくるかもしれませんね。

ところが、**五感の先にある「第六感」**とは、外からの情報ではなく、自分の中からわいてくる〝**確信**〟のような感覚なので、何かと何かを比べたり、裁いたり、優劣をつけたりするものではありません。あくまでも**自分の中から自然とわき上がってくる鋭くて純粋な感覚**なのです。

そのような「今を楽しく生きるため」にある「第六感」を研ぎ澄ますことで、自分自身の「軸」ができてぶれなくなったり、決断が早くなったり、進みたい方向が明確になっていったりするのです。

「第六感」に気づいて活《い》かしていくと、こんな人になっていくでしょう。

- 笑顔になれる
- 悩まなくなる

・執着しなくなる
・決断が早くなる
・争わなくなる

「今を楽しく生きる」とは、**より自分らしくあること**を意味します。

大半の人たちは、いろいろなことを頭で考えながら「**ジャッジ（Judge＝判断する、判決）**」をしてしまっていませんか？　そこには「損か得か？」「正しいのか間違いなのか？」「優秀なのか劣っているのか？」といった比較する感情も生まれ、「悩む・迷う・苦しむ・心配する・疑う・思い込む・決めつける」気持ちまで伴ってしまうことが多いものです。

ところが「第六感」を活かしながら「**チョイス（Choice＝選ぶこと、選択）**」をしていくと、理由をつけて何かと何かを比較することで生まれる感情ではなく、「直感・即決・ワクワク・笑顔・楽しい」という感情がわいてきて、何ごとにも迷わずに気持ちよく応じていけますし、他を受け入れる心の豊かさも育まれていきます。

- 自然体な心
- 素直でゆとりのある心
- イライラしない心
- マイナス思考にならない心

心がこのような状態のときには、「ジャッジ」でなく「チョイス」の感覚がわいてきて、「第六感」が働きやすくなります。

偉人たちは「第六感」を大切にしていた！

五感の先にある感覚が「第六感」だと書きました。英語で表記すると「Sixth Sense（シックス・センス）」。死者が見えてしまう少年と小児精神科医の交流が描かれ、アカデミー賞では多部門でノミネートされるほど大ヒットしたホラー映画のタイトルにもなった言葉です。

あの映画のように、「第六感」を霊能的な力として感じてしまう人もいるかもしれません。それは何か特別な能力のことで、特別な人にだけ備わっている不可思議な力のことをいうのではないか……。

私は、そうは思っていません。本書の巻頭でもマンガで表現したとおり、「第六感」とは、霊能的なものではなく、**誰もが秘めている力**なのです。

- 電車の中で居眠りをしていたら、降りるひとつ前の駅で突然、目が覚めた
- 久しく会っていない人を思い浮かべていたら、翌日に連絡がきた
- 湯船につかっていたら、突然いいアイデアがわいてきた
- 雨が降る気がして傘を用意したら、やっぱり雨が降ってきた
- 悩んでいた問題の解決策が朝起きた瞬間にひらめいた

例を挙げるといろいろありますが、思い当たるものはありましたか？ただし、ふだんから五感を研ぎ澄ませていなければ、どうやら「第六感」は働かないこともわかってきました。いきなり「第六感」だけが発達している人はいないようです。その意味でも、まずは**五感＝感受性を磨くこと**は忘れないでください。

そもそも五感自体が不安定になっている現代人にとって、「第六感」の存在を身近に感じられないのは仕方のないことだと思います。

しかし、歴史に残る偉人たちの生きざまを見てみると、大なり小なり「第六感」からわき上がってきたアイデアを実現して、後世の人たちに愛される芸術作品や技術を残している人たちがたくさんいます。

ときに異端児扱いをされたり、時代に受け入れられなかったりと、歴史をひもとけば相当に困難な生き方をしているケースも多いですが、偉人の誰もがたぐいまれな才能を活かして自分と向き合っていたのです。

18世紀に作曲家・演奏家として活躍した古典派三大巨匠のひとり、**モーツアルト**は、数多くの名曲のみならず、その奇行や奇抜な言葉でも知られた人でした。35歳の若さでこの世を去っていますが、30歳を過ぎたころにしたためた手紙の中に、アイデアの発想法にふれたくだりがあります。

「僕が完全に僕自身であり、ほんとうにひとりきりで、上機嫌であるとき——例えば馬車に乗って旅をしているとき、おいしい食事の後に散歩をしているとき、あるいは夜なんとなく眠れずにいるとき——。

そういうとき、いちばん素晴らしく豊かなアイデアが導かれてくる。そういったアイデアがどこから、どうやって生まれてくるのか僕にはわからない。それに無理をしたからといって、そういうアイデアはひねり出せるものでもない。そういったアイデアによる喜びを、僕は記憶にとどめておく。そしてよく指摘されるように、それらをほとんど習慣的に、ひとりでハミングしているのだ」

この手紙には重要なヒントがたくさん隠されています。例えば、いちばん最初の**「僕が完全に僕自身であり」**とは、自分の心の中が静かで穏やかな、誰にも邪魔をされない自分らしくいられる状態のことを表しているのでしょう。そして、その具体的な状態の例として、

①馬車に乗って旅をしているとき
（ほどよくからだが揺られている状態）
②おいしい食事の後に散歩をしているとき
（心身ともに満たされてリラックスしている状態）
③夜なんとなく眠れずにいるとき
（うとうとしながら思考が解放されている状態）

この3つを挙げています。アイデアとは、必ずしも頭で考える状態から生まれるものではなく、五感の先の感覚や感性から自然とわき上がってくるものであることは、モーツァルト自身が**「無理をしたからといってアイデアはひねり出せない」**と書いていることからもおわかりになると思います。

これは神童や天才と呼ばれていたモーツァルトの創作の原点が、「第六感」的な発想によるものであることが感じられるエピソードだといえるでしょう。230年以上経った今でもオペラ『フィガロの結婚』や『魔笛』が愛され続けている普遍性の秘密が、ここに隠されていると感じるのです。

童話『星の王子さま』で有名な作家の**サン=テグジュペリ**は、著書『人間の土地』の最後に「虐殺されたモーツァルト」という言葉でモーツァルトの才能に敬意を表しながら、誰の中にも「眠れるモーツァルト」がいるのに、それを怠惰から殺してしまっていると記しています。

「価値の創造は美しい星の輝きである。そして星を輝かせるために、人は昼夜兼行で労働に精を出すが、立ち止まって考えることをしない。ちょっとした工夫で考える時間が生まれるのに、人間という摩訶不思議な生き物はそれを拒む」

その他にも、モーツァルトと同様の感性をもって言葉を残している人たちがいます。中国の北宋時代に活躍した政治家であり学者の**欧陽脩**《おうようしゅう》は、友人の謝希深《しゃきしん》に語った『帰田録《きでんろく》』の中で、よい考えの生まれやすい状況として**「三上《さんじょう》」**という3つの場所を挙げています。

①**馬上**《ばじょう》（乗り物に乗っているとき）
②**枕上**《ちんじょう》（寝床に入っているとき）
③**厠上**《しじょう》（トイレにいるとき）

モーツァルトとは時代も育った国も文化も違うはずの欧陽脩が、ほとんど同じ言葉を残しているのが興味深いですね。乗り物や寝床やトイレなど、どの場所も、からだの力が抜ける場所だという点で共通しています。

また20世紀の偉大な物理学者**アルベルト・アインシュタイン**は、**人が成功する条件**として次のような方程式を残しています。

A（成功）＝X（仕事）＋Y（遊び）＋Z（沈黙）

情熱や熱心といった自分を奮い立たせる言葉ではなく、**「遊び」**と**「沈黙」**と表現しているところがアインシュタインらしいといえます。Yの「遊び」からはリラックスした高揚を感じますし、Zの「沈黙」からは静かで穏やかな心の在り方が感じられます。これも広義で見るなら、前記の2人と同じことをいっていると読み取れるでしょう。

日本が誇る偉大な経営者のひとり、**松下幸之助**は「新しい人間観」というメッセージの中で、次のような言葉を残しています。

「現代を見ると、自然に対する怖れを忘れてしまっているように思える。また、お金や目に見えるものが全てという価値観が蔓延し、直感より合理性を重んじる風潮がある。人間は他の生物と同様であるという謙虚さをもつこと、正法眼蔵《しょうほうげんぞう》（心の眼）をもつこと、第六感（直感）を目覚めさせることも大切である」

「第六感」が降りてきやすい瞬間

穏やかな気持ちで散歩をしているとき

乗り物に乗って揺られているとき

静かに瞑想《めいそう》をしているとき

寝床でうとうとしているとき

脳と記憶と意識のしくみ

近代科学の力によって、人間そのものの構造が解明されるようになりました。2003年には「ヒトゲノム計画」が人間の全遺伝子をほぼ100パーセント解読しましたし、脳科学の分野でも「司令塔」である脳の仕組みは、かなりの部分が研究されています。

五感などの感覚器官がとらえた情報以外にも、お腹《なか》が空《す》いたり、痛くなったりした状態を脳に伝える**内臓感覚**や、からだのバランスを取るときに重要な役割を担っている**平衡感覚**も同じように情報を運んでいます。

このようにして、いろいろな感覚からの情報を蓄えている脳は、私たちの日常生活において、さまざまな指令を出して行動を促しているのです。

危険なものと遭遇したときには回避する指令を出したり、お笑い番組を観《み》て面白かったら笑わせたり、感動する映画を観て感極まったら涙を流させたりするのも、すべて脳からの指令によってからだが反応している現れです。

そして、この脳と記憶も密接な関係にあるわけですが、人間の脳は大きく3つに分かれています。

☆**大脳皮質**……脳のいちばん外側にあって、五感をはじめとするさまざまな感覚や体験を記憶しておくところ。脳内の情報をかき集めて検討する〝心の黒板〟「前頭連合野」も大脳皮質の中にあります。

☆**大脳辺縁系**……喜怒哀楽などの感情を司《つかさど》るところ。タツノオトシゴのような形をした「海馬」もここにあり、比較的新しい出来事を記憶する重要な役割をもっています。

☆**脳幹**……呼吸や体温、ホルモンの調整など、人間が生きるための基本的な働きと関係しているところです。

このように脳科学の分野ではあらゆる脳の部分が解明されていますが、それに伴う人間の身体的な動きや感情と心の働きについても、多くの部分がわかり始めているのです。

先ほど紹介した偉人たちがアイデアを生み出すときの状態……。それは**「ひらめき」**や**「直感」**といったカテゴリーに分類されますが、では、その「ひらめき」や「直感」はどのようにしてやってくるのでしょうか？

これは、心理学の大家といわれる**ジークムント・フロイト**や**カール・グスタフ・ユング**が発表してきた**「顕在意識」と「潜在意識」**にも大きく関係しています。

「顕在意識」とは、人間が生きていくために必要な情報が蓄えられている意識のことです。ここには生まれてきてから得られた知識や常識、情報や体験などが積み重ねられています。ですから、育った環境や時代が違えば、それぞれの人がもつ顕在意識の情報は、異なります。

逆に「潜在意識」は「顕在意識」とは違って、もっと深いところにある意識のことをいいます。そこには、私たち一人ひとりの先祖……両親のみならず祖父母、その上の曽祖父母、そのまた上の高祖父母など、連綿と続いてきた膨大な数のご先祖さまたちが味わってきた英知のすべても含まれていると思うのです。

そう考えていくと、もっとその上、つまり私たちが住む「地球」そのものが誕生したはるかかなたの時代までさかのぼるだけでなく、宇宙全体が成り立ってきた歴史的な情報までもが、じつは私たちの潜在意識の中には含まれているのではないかと思われるのです。

よくこの二つの意識は**「海に浮かんだ氷山」**としてたとえられます。

海面からちょっとだけ頭を出した部分が「顕在意識」で、全体の5～20パーセントほどだといわれています。そして残る80～95パーセントにあたる大半の部分が「潜在意識」のことを指しているのです。フロイトは「潜在意

識」のことを、

「人間は、意識して動かすことのできない〝もうひとりの自分〟に行動をコントロールされている」

と表現しましたが、ユングはさらに深く、その奥には全人類共通の意識である**「集合的無意識」**があると発表しました。

現実で生きていくときに機能する情報源の「顕在意識」と違って、「潜在意識」は、目覚めているときでも眠っているときでも24時間、身体機能を動かし続けていることがわかっています。

私たちが眠っている間も、心臓が動いて、呼吸も止まらず、新陳代謝、ホルモンの分泌など、絶え間なくからだの機能が働き続けられるのも、すべては「潜在意識」によるものだそうです。

脳の各部分の役割と「顕在意識」「潜在意識」は深くつながり合いながら、

人間一人ひとりが生きていく「人生」にも密接に関わっているといえるでしょう。

「ひらめき」や「直感」はどこからやってくるのか?

先ほども問いかけましたが、偉人たちも使いこなしていた**「ひらめき」**や**「直感」**とは、ではいったいどのようにしてやってくるのでしょうか? 私には難しい専門的な知識はありませんが、学んだ情報と自分の経験から説いてみることにします。

ひと言で「ひらめき」や「直感」といっても、じつはその元が違います。よく混同されることも多いのですが、何が違うのかをしっかり理解していきましょう。

「顕在意識」とは
氷山の小さな一角のこと

まず**「ひらめき」**ですが、これは「顕在記憶（意識）」の中に蓄積された情報や体験によって分析されたところからやってきます。いわば経験の積み重ねの知的な推論から生み出されるのです。

脳でいうなら「大脳皮質」や「海馬」などの領域です。よって、自分が意識できる経験値からわき出るアイデアですから、「なぜ、それがひらめいたのか？」を言語化して説明できます。つまり**「見える領域」**から起こるのです。

ところが**「直感」**となると話は違います。「直感」が生まれるのは、脳の部位で説明すると**「線条体」**と呼ばれるところです。「線条体」は脳の中心に集まる神経核のひとつで、原始的な構造が本能的な「直感」につながるといわれ、そもそも線条体は運動機能を司る働きがあります。

例えば、自転車の乗り方を一度覚えてしまうと忘れませんよね？　なぜ忘れないのか……。これは言語化することはできませんが、乗れたときの感覚は「潜在記憶（意識）」の領域にしまい込まれています。つまり「直感」とは、線条体によって「潜在意識」の中で高速に計算が行なわれた結果、出てくる答えのことをいうようです。

直感的にアイデアが浮かんだとき、それが「直感」なのかを見分けるコツは、その理由が、

「何とな～く、そう感じるから……」

そう思うときは「直感」から得られたアイデアだと思っていいでしょう。

心理学者のユングは、フロイトが説いた「潜在意識」の奥には、さらに**「集合的無意識」**があると発表しました。これは、人類の心の深い部分に共通している普遍的なイメージパターンのことを表しています。

無数のご先祖さまたちの英知が個人的な「潜在意識」だとするなら、「集合的無意識」は**人類に共通する無意識の領域**のことだといえるでしょう。この「集合的無意識」があるからこそ、人は自分自身だけでなく、他者とも対話しながら理解を深めていくことができるのだと解釈しています。

人類に共通する無意識とは、例えばこのようなものでしょう。

それは、全世界に共通した**太陽**に対する神々しい感情だったり、**月**を見たときにわいてくる静かで神秘的な感覚だったり、ふくよかな形をした**土偶や造形物**に母性を抱くような感性だったり、**蛇**《へび》のようなくねくねと動くものに対する嫌悪感だったり……。聞けば「ああ〜っ」と納得するようなものばかりです。

世界中が「第六感」に目覚め始めた!?

アメリカの「ハーバード・ビジネス・レビュー」誌がアメリカの上位10０社の最高経営責任者に対して、「自分の素晴らしい成功に何よりも貢献したものは？」という調査をしたところ、第1位が**「自分の直感に耳を傾けた」**だったそうです。ただし、答えた責任者たちは「そのことを吹聴するのは好まない」と付け加えたのだとか。

「経営＝直感」というと、まだまだ怪しいイメージを連想させてしまうと懸念したのでしょうか。しかし、先の松下幸之助のメッセージにもあったように、世界中の名だたる経営者のかなりの人たちは、見えないものへの造詣を深めています。

アップル社のスティーブ・ジョブズもしかり、京セラの会長で日本航空（ＪＡＬ）の再建を成功させた稲盛和夫もしかり。いずれも禅の世界に精通し、実践していたのは有名な話です。感性を研ぎ澄ませるための精神の修行を怠らない経営者は世界中に大勢います。

それは、決して怪しげで不可解なスピリチュアル的な世界に連なるものではありません。家族や従業員、取引先はもちろんのこと、経済社会に関わる経営のトップとして、ぶれない経営理念をもち、いついかなるときも前を向いて歩いていけるように、自分の精神性を高めるためのトレーニングであるともいえます。

私のお客さまにも経営者の方は大勢いらっしゃいますが、皆さんとても孤独な存在です。最終的な判断はすべてトップたる自分が下すため、常に不動の精神力が要求されます。弱さが先に見えてしまうような経営者では、周囲も不安に苛《さいな》まれて、誰もついてこないでしょう。

経営者のトップに限らず、最近では断食をして体調を整えたり、呼吸法やヨガを実践することで自分の精神性を高めたりする若い人たちも増えてきました。また、神社仏閣の参拝者の数も年々上昇しているようで、個人的にも喜ばしいことだと思っています。現代のようにあまりにも情報過多な社会の中で、慌ただしく時間が流れていく日々の反動でしょう。逆にじっくりと自分を見つめたい人が多くなってきているのではないでしょうか。

五感や第六感だけでなく、第1章でも述べたように、中国の古典思想である**「陰陽」**や**「中庸」**という考え方に共感し、思いを馳《は》せる人たちも増えてきています。

また最近では、日本で大ベストセラーとなった近藤麻理恵さんの『人生がときめく片づけの魔法』（サンマーク出版刊）の英語版がアメリカで200万部に迫る勢いで読まれ続け、片づけをすることが「コンドーする？」という動詞にまでなるくらいの盛り上がりを見せています。今やそのブームは全米だけでなく、フランスやイタリア、イギリスにまで広がって、その勢いは止まらないほどです。

近藤さんが実践する片づけの精神性の中に、禅に共通する精神性を見いだしているセレブな人たちも多いと聞きました。物を所有しすぎた消費大国のアメリカ人が、物を整理することで精神性が高まり、暮らしがシンプルになることで人生が好転していくことを日本人から学んだという、これまでにはなかった現象も起きているのです。日本の精神性がいよいよ海外でもお役に立つときがきたようです。

感性を磨くことで「五感」が研ぎ澄まされ、さらには、ひらめきや直感が鋭くなることによって「第六感」も磨かれていく……。そんな素晴らしい時代がすでに世界中で始まっているのです。

あなたは「五感型」？　それとも「第六感型」？

「五感」と「第六感」のことが、何とな〜くでもおわかりいただけたでしょうか？　感覚的なことなので、最初はこの**「何とな〜く」**の印象を大切にしてください。無理やり頭でわかろうとせず、感じるままに受け止めてみることが大切です。

そして、ぜひ第2章で紹介した7つのワークを実践してみてください。

スピリチュアル・ヒーラーとしてアメリカで活躍するソニア・ショケットさんの著書『第六感を仕事に生かす――可能性を最大限まで引き出す方法』（ダイヤモンド社刊）の中にユニークな記述がありましたので、ご紹介したいと思います。

「第六感」の使い手としてアメリカでは知られている彼女によると、人には**「五感型」と「第六感型」**の二つのタイプがあるそうです。

あなたや周りの人たちは、どちらのタイプでしょうか？

「五感型」タイプ

- からだの「五感」だけに頼って人生を組み立てていく
- 今を生きるためだけに感覚を使う

■物事には限界があると恐れの目で世の中を見ている
■「食うか、食われるか」の弱肉強食の世界に生きている

「第六感型」タイプ

■世界には無限のチャンスが存在すると思っている
■自分の想像力で可能性は広がっていくと感じている
■人とは競争しないで生きている

考えるな、感じろ！

「Don't think. Feel!」

この言葉は、70年代に全世界で一躍有名になったアクションスター、ブルース・リーが、大ヒット映画『燃えよドラゴン』の中で放った名台詞《めいぜりふ》です。リーが、ひ弱な弟子に稽古をつけるために蹴りを要求しながら伝えます。

リー　蹴ってみろ！

弟子　（何となくよろよろと軽く蹴る）

リー　何だそれは、見世物か？

大切なのは五感を研ぎ澄ますことだ。もう一度！

弟子　（怒りをあらわにして蹴る弟子）

リー　私は〝五感を研ぎ澄ませ〟と言ったはずだ。怒りとは違う。

もう一度！　私に向かって！

弟子　（今度は冷静になって2回蹴り込む）

リー　そうだ！　何か感じたか？

弟子　そうですね……。

リー　（弟子の頭を叩《たた》きながら）考えるな、感じろ！

動画サイトでも多くの人たちに観られている人気のワンシーンです。このシーンには次のような続きがあります。

リー　（指を突き立てて空を指しながら）
　これは月を示す指と似ている……。
（指を見る弟子の頭をふたたび叩きながら）
　指に集中するんじゃない！
　指を見ていると、その先の栄光が得られないぞ！

　このシーンからは多くのことが学べます。まずは**「五感を研ぎ澄ます」**ということ。そして「考える（Think）」のではなく**「感じる（Feel）」**ということ。目先のものを見るのではなく、その先を見るということです。ブルース・リーが言った「先」とは、**「現実を見ながらも、意識はその先に向けろ」**ということだと私は解釈しています。つまり、**幅広く意識することを心がけろ**ということでしょう。

私も幼少時代から沖縄空手を習っていたのでよくわかります。柔道、剣道、合気道、または華道や茶道であれ、およそ日本で「〜道」とつくものには、**「型」**という基本的な動作が土台としてあります。まだ道を歩き始めたばかりの新米者は、その基本動作の「型」を徹底的に覚えるのです。

「守破離《しゅはり》」という言葉をご存じでしょうか。日本の師弟関係におけるひとつの在り方です。まず師から教わった「型」を**守る**ところから修業は始まります。その後、繰り返し学びながら型を続けていると、次第に自分なりの応用が生まれて既存の型を破るようになり、さらに自分の型の上に立ちながら理解を深めていくと、今度は型そのものからも自由になって、そこから**離れて**自在に立脚するという思想です。

「考えるな、感じろ！」

いきなりそう言われても、ふだんから**「感じること」**に意識を向けていなければ感覚は働きません。それはまるで**「守破離」**の世界観にもつながるがごとく、「意識」そのものを**「目的意識」**に変えながら実践していなければ到達できないものだと私は思います。

「はじめに」でも書きましたが、「自分を信じる＝自信」とは、自分を信じて行なう経験の繰り返しや、蓄える知識の豊富さがあってこそ、初めてほんとうの「自信」へとつながるものです。つまり、常日ごろからの訓練が必要だということです。

「考える（Think）」のではなく「感じる（Feel）」ことの究極は、五感を研ぎ澄ませた先に生じてくる**「第六感＝直感」の世界**へとつながっていくでしょう。

そこには起こったことの**事実**しかありませんから、頭で「考える（Think）」が入ってしまうと、**「違和感」**という感覚が起こり、それがおかしいことを知らせてくれます。

思考には自分の「我」や「欲望」が入ってしまいがちですから、真実を歪《わい》曲《きょく》しようとしてしまうのです。つまり「違和感」とは、ふたたび真実へと戻してくれるためのサインであるともいえるでしょう。

この章の初めにも書きましたが、「第六感」とは、「今を楽しく生きるため」に存在する感覚のことです。**〝楽しく生きる〟**とは、英語で表現するところの「Fun（面白い、笑える）」ではなく、**「Enjoy（楽しく満喫する）」**に近い気持ちのこと。

目まぐるしく移り変わる情報や環境に、そのつど、心を揺れ動かされるのではなく、自分の中心軸をしっかりともち、生きる目的意識を定めながら、自分自身の本質と素直に向き合って道を歩いていくことなのです。

もし、自分の「第六感」がうまく機能していないと感じたら、第1章で紹介した感性を研ぎ澄ませるレッスンや、第2章で紹介したワークを実践してみてください。

五感がからだと馴染《なじ》んできたら、その先で、必ず自分らしい「第六感」と出会っていくでしょう。

「第六感」の力を身につければ、何にも悩まされることなく、執着する心も軽くなって、本来の笑顔が輝く「あなた」に戻ることができます。

意識すること、丁寧にすること、決断すること、研ぎ澄ませること。それら基本中の基本を忘れずに、毎日を積み重ねてみてください。

「第六感」は、早くあなたが気づいてくれるのを待っています。

現実を見ながらも、意識はその先に向けること
幅広く意識することを心がけよう

F先生と仲間たち④

人生に迷わなくなる人が増えています

沖縄「ありがとう御庭《ひろば》」　亀甲和子《かめこうかずこ》

沖縄には、ユタや神人《カミンチュ》と呼ばれる神さまごとに関わる方々が大勢いらして、それぞれがご先祖供養だったり、霊的なことに長《た》けていたりと得意分野が分かれています。普天間さんの場合はそういう方々とは違って、もっと家族や恋愛、健康面など、一般的な相談をとおして、その人が人生で成長できるように導くアドバイスをされる方だと思います。

最初は友人の「ジプシークイーン」こと宮崎ひろみさんからのご紹介でした。足もみを受け、とてもよいと感じたので私が運営している「ありがとう御庭《ひろば》」で定期的にお呼びし、友人知人にも施術を勧めたのです。その後はカウンセリングも始まって、「魔法学校」も主催することになりました。

人によっては周りからチヤホヤされたり、我や欲が出てしまったりして、せっかくの能力がなくなってしまう方も少なくありませんが、私が普天間さんと長くお付き合いをさせていただいているのは、初めてお会いしてからずっと変わらない考え方とスタンスで人と向き合っている方だからでしょうね。

多くの皆さんが、ご自分の感情に振り回されるような生き方をされていますが、普天間さんの「魔法学校」に来ると、自分の感情を取り出して客観視できるようになることから、原因そのものを冷静な目で見る力が養われ、それをわかりやすく楽しく教えてくださるので、受講生からも好評です。

また、カウンセリングを受けられる方にも、決して依存させることなく、一人ひとりが自分で考えて行動できるようなヒントや宿題を出されるので、受けた皆さんの表情がいつも明るくなるのが特徴です。自分の人生に迷わなくなり、決断能力も向上して肯定的に考えられるようになるので、起きていることにも前向きになるのでしょう。

これからも今まで同様に変わらず、たくさんの方々が明るく、楽しく、元気になるような足もみやカウンセリングを続けていただきたいと思います。

●東京都出身。結婚を機に沖縄に在住。小林正観さんとのご縁により「うたしショップ」を始め、自宅のスペースに「ありがとう御庭《ひろば》」を開設する。楽に楽しく生きるヒントを提供している。杉本錬堂さん、普天間直弘さんの講座を定期的に開催中。

第5章

毎日がマジカルツアー

ベストセラー作家が実践する「第六感」のつかい方

［対談］ ひすいこたろうVS普天間直弘

ひすいこたろう

作家。天才コピーライター。新潟県生まれ。日本メンタルヘルス協会の衛藤信之氏から心理学を学び、心理カウンセラーの資格を取得。「視点が変われば世界が変わる」をモットーに、ものの見方を追求している。著書に『朝にキク言葉』（サンマーク出版刊）、『3秒でハッピーになる名言セラピー』『あした死ぬかもよ？』『あなたの人生がつまらないと思うんなら、それはあなた自身がつまらなくしているんだぜ。』（ディスカヴァー・トゥエンティワン刊）、『ものの見方検定』（祥伝社刊）、『心にズドン！と響く「運命」の言葉』（王様文庫）など数多くのベストセラーがある。共著も『世界一ふざけた夢の叶え方』（フォレスト出版刊）、『ＨＵＧ！ｔｏｄａｙ』（小学館刊）など多数。

[対談の内容]

1　どうして足もみだけで心がわかっちゃうの？
2　「参加人数は17名だよ」と言い当てられた驚き
3　○か×かで素直に「違和感」を受け止めてみる
4　第六感で料理が２倍もやってきた！
5　ノープランの凄み
6　ニュートラルでいると必要な言葉が降りてくる
7　モノに名前をつけると意識が通じやすくなる

ひ＝ひすいこたろう　　ふ＝普天間直弘

1　どうして足もみだけで心がわかっちゃうの？

ひ　沖縄に、楽しいイベントをたくさん主催されている亀甲和子さん（P194参照）という女性がいまして、僕を毎年1回、講演に呼んでくれていたんですね。で、その亀甲さんは毎回、不思議な方々を僕に紹介してくれるわけです。名前を聞いただけで、その人がどんな人物なのかがわかる霊能力をもった元パイロットさんだとか、会うと**「うえ〜っ！　うえ〜っ！　うえ〜っ！」**とまるで嘔吐《おうと》するかのように、邪気を浄化してくれる方とか（笑）。その人選には毎回、驚かされるんですが……。

ふ　沖縄には個性的でユニークな人がたくさんいますからね（笑）。

ひ　沖縄では、病気になってお医者さんが手に負えないと判断すると、普通に「ユタ（霊能者）に診てもらってください」と病院の先生が言うそうですよね。もう、土地自体がマジカルです（笑）。それで、2011年に沖縄に呼ばれたときも、**「今回はどんな人と出会えるのかな」**と楽しみにしていたんです。

最初に紹介された方の名刺には「足もみ師」と書かれてありました。

「ほ～っ、足もみねぇ」なんて思いながら、亀甲さんのサロンで開催された会に仲間4、5人で参加しました。ひとりずつ施術スペースに入って行くのですが、つい立ての向こう側からは**「ぎゃ～！」**とか**「うおおーっ！」**なんて悲鳴が聞こえてきまして。もう、待っているみんなは戦々恐々《せんせんきょうきょう》ですよ。

僕は最後から2番目だったので、見えない向こう側から**「いっ、たーいっ！」**と響いてくる裏返った声を耳にするたびに、もうビクビクしてました。それでいよいよ僕の番に。もう死ぬほど痛いであろうことは想像できてますから、覚悟を決めましたが、足もみ師の方は、僕の足に少し触れるなり、こう言ったんです。

「本をつくるときは、この本は何を伝える本なのか、明確にして、どこを書くにしても、そのテーマを常に心の中にもちながら書くと、本に軸

が立ってきますよ」と。僕がその沖縄の旅でいちばん知りたかったことを、誰にもそれを話していないのに、僕の足に触れるなり、いきなりそう言ってくれました。その足もみ師こそ、何を隠そう**F先生**（※ひすいさんは普天間さんのことをこう呼びます）だったんです。

ふ　そう。それがひすいさんとの最初の出会いでしたね。

ひ　ほんと驚いて、違う意味で、「ぎゃーー」と叫びたくなりましたね（笑）。なんでわかったんだろうって。というのは、僕は、その年の沖縄の旅に、ひとつのテーマをもって臨んでいたんです。**「もっと自分の意識の次元を高めて、さらにいい本を書くためにはどうすればいいだろう？」**という問いです。沖縄の旅で、その答えを見つけたいなと望んでいましたが、誰にも言ってないのに、僕の足を触るなり教えてくれたのがF先生だったんです。思わず、**「先生は何者ですか!?」**と聞いたら、「ただの足もみ師です」って。**「絶対ウソだ!」**って（笑）。あれ、足を触っただけで、僕の心がわかったんですか？

ふ　はい。わかるというよりも**「感じる」**と表現したほうが正しいですね。ひすいさんの足を触ると、まぁお疲れなのがすぐにわかりました。足もみをすると大半の方は叫ぶくらいに「いた〜いっ！」とおっしゃいますが、痛いということは基本、からだからの苦情ですからね。ひすいさんも相当お疲れさまの状態でしたが、スッと瞬間的に感じました。今、心やからだが求めていること——ひすいさんがテーマをしっかり定めて書いたものは、たとえどんな書き方をされようが、表現されたものは全部、軸に添ってくるので、軸そのものもさらに立ってくる、と。そのようにひすいさんへお伝えしたメッセージは、頭で考えたのではなく、**「何となくの感じ」**としてわき上がってきました。

ひ　僕は、**「え———っ！」**って、目ん玉が飛び出るくらいに衝撃を受けましたね。どうしてわかったんだろうって。ディープ・インパクトですよ！　マンガで表現したら、こんな感じです（笑）。

ひ　案の定、足もみはめちゃめちゃ痛かったんですが、それよりもF先生がいったい何者なのかが気になって気になって。そうしたら、今度は、F先生がそばに置いてある観葉植物を見てこう言ったんです。**「亀甲さ～ん。この植物がお水をほしがっていますよ～」**って。「もしかして植物の声まで聞こえるんですか？」と聞くと「わかりますよ～」って、さも当たり前のことのように。またまた目ん玉が飛び出るくらいの衝撃ですよ。

ふ　ちゃんと植物の意識に**周波数**を合わせてあげると、誰にでも意思の疎通はで

きるものです。ふだん、そうしていない人にとっては驚きかもしれませんが、日常生活の中で植物と接する時間が長い人なら、けっこう「感じること」が普通の感覚になります。「人間としか意思の疎通はできない」という思い込みの壁が厚ければ厚い人ほど、感じる力は低下してしまいます。

ひ

でも、面白かったのは、亀甲さんが「今朝、お水はあげたばかりだけどぉ……」と言ったんです（笑）。すると、F先生は**「違う違う。根のほうではなく葉っぱ、葉っぱ。葉水がほしいと言ってるよ〜」**と。

「葉っぱの気持ちまでわかっちゃうんですか?!」と驚いていたら、F先生は、「ひすいさん、こっちの植物は葉水がほしいって言ってるけど、あっちの（サロンの真ん中に置いてある）植物はすごい人見知りだから、むやみやたらに近づいて触るとストレスになるから、触る前に意識を合わせて、触っていいか尋ねてからにしてくださいね」と。もうクエスチョンマーク（?!）が僕の頭の中で、グルグルと駆け巡っていましたね

ふ　（笑）。

ひすいさんの著作『朝にキク言葉』（サンマーク出版刊）でも、この観葉植物のエピソードと同じような車の話を紹介していただきましたよね。車のエピソードって、けっこうたくさんあります。そのときはだんなさんと奥さんの車が2台、車庫に並んでいる状況での話でした。だんなさんの車が、奥さんの車に苦情を言っているわけ。**「あんまり責めるなよ」**と。車の声を持ち主の奥さんに、僕は代弁してこう言ってあげたのです。

「もしかして、だんなさんの車に乗っているとき、助手席でずっとだんなさんに向かって苦情や文句を言っていませんか？」って。そうしたら奥さんは「どうしてですか？　どうしてわかるんですか？」と驚きの顔つきです（笑）。だってわかるも何も、だんなさんの車がそう言っていますから。ずっと苦情や文句を言われている車は、主人であるだんなさんの気持ちをそのまま受け取り、同じようにやるせなくなって、その気持ちを車庫で隣にいる奥さんの車にぶつけ出したわけです。車同士ならばわかるだろうって（笑）。

ひ　それが言葉のようになって降りてくるんですか？

ふ　いいえ、言葉ではありません。あくまでも**感覚**ですね。感覚がフッとわいてきます。車の意識が感覚として僕のところにやってくるのです。

2　「参加人数は17名だよ」と言い当てられた驚き

ふ　僕がひすいさんと最初に会ったときの印象は、真っ白な紙にいろいろなことを書いている、それも頭で考えて理由づけて生きているのではなく、感じたことをそのまま書きながら生きている人だなと思いました。
今、目の前にあることを感じたままに、感動したり、嫌がったり、怖がったりしながら、ちゃんと**「今」**という場所に存在している。これ、けっこうやれていない人が多いんです。感情のまま意識だけ別のところを浮遊しているような人たちです。ひすいさんは、ほんとうに素直に感動もするし、楽しみもするし、喜びもするし、逆にビビリもするし、泣いたりもする。反応速度が非常に速い人ですよね。

ひ　確かに僕は自分が感動すると、伝えたくてしょうがなくなるところがありますね。もう、すぐにメールマガジンやフェイスブックに文章を書いて投稿したくなるし、講演でもみんなに伝えたくなる。F先生に初めて出会った2011年の春。東京に戻ってからすぐのトーク会でもF先生の話をずっとしたんです。そして、トーク会の主催者である、「ぷれし～ど」という会社の高島亮さん（P154参照）に、「沖縄のF先生に会いに行くツアーをしたらどうでしょう？」と提案したんですね。

ふ　そうだったんですね。

ひ　確か坂本龍馬の例を挙げて説明したんです。龍馬は幕末、600年続いた武家社会の中で議会政治を含めて、日本の近代化の未来が明確に見えていました。なぜ龍馬には未来が見えていたのか。それは龍馬の師匠が、アメリカの地を実際に踏んで、近代化を目撃した勝海舟だったからです。

沖縄には、F先生はじめ人間のまだ見ぬ可能性を体現している方たちがたくさんいる。いわば未来を見せてくれる地。亮さんは、本州と沖縄を結ぶことで、日本に未来を見せてあげる役割がある。**「まさに現代の勝海舟だ！」**って言ったんです。

ふ　そうしたら亮さんは、偶然、前の週に勝海舟のお墓参りをしたというのです。勝海舟のことはまったく興味はなかったのに（笑）！

ひ　これはもう、沖縄ツアーをやるしかない（笑）。亮さんは、たまたま天気がいいから散歩をしようと、東京の大田区にある洗足池に行ったそうです。洗足池は「名所江戸百景」にも描かれるほどの美しい場所。亮さんはご自宅が近くにありながら初めて訪れたそうですが、なんとそこに勝海舟のお墓があった！　そこで好きでも何でもない勝海舟のお墓を見つけて、とりあえずお参りをした（笑）。

若き龍馬は幕末の時代に未来が見えていたから、あれだけ先駆的に動けたのです。アメリカの状況をはじめとする近代化の情報を知っていたからです。ならば第六感をはじめ、人間の未来の可能性を見せてくれるF先生と一緒に、そのような感覚を学べるツアーを沖縄でやることにはとても意味があるという話を僕は亮さんにしたんです。そうしたら、**「ひすいこたろうさんと行く沖縄マジカルツアー」**というタイトルで、僕まで連れて行ってくれることになり、同年の6月には亮さんが沖縄の亀甲和子さんに連絡をして、9月には第1回目が開催されました。

ふ　6月に亮さんからご連絡をいただいたとき、亀甲さんにかかってきた電話の横に僕もいて、とっさに数字が浮かんだから、電話を替わってもらったのね。それでついポロッと**「17名来ますね」**と口にしていました。

ひ　まだツアーの詳細も募集人数も何も決まっていないときに「17名、来るよ」って、あまりにも適当すぎる。そのときはそう思いましたよ（笑）。

ふ　僕にもよくわからないの（笑）。直感的だったからね。

ひ　それからは面白いように、とんとんとんと事が順調に決まっていきました。そして最終的には20名の募集となりましたが、情報をオープンにした途端、あっという間に定員数が集まりました。「ああ、F先生は17名っておっしゃっていたけど、まぁ近いことは近かったけど、20名集まったからハズレてたね」と。そんな話を亮さんとしていましたが、当日になって大変なことが起きました。

当日、こともあろうに台風に見舞われ、神戸空港も関西国際空港もセントレア空港からも飛行機が飛べなくなっちゃった。それで那覇空港に合流したときに人数を数えてみたら、なんとぴったりの17名。飛行機が飛ばない関西組3名の方たちが残念ながら来られなかったんです。僕も亮さんも驚きました。**「ほんとうに17名になってしまった」**と。

ひふ　そうでしたね。

結果的には、飛行機が飛ばないにもかかわらず、何度も奇跡を起こして、大阪のタクシードライバーの**まこっちゃん**[注]が亀甲さんのサロンにたどり着いて18名になったのですが、那覇空港に集結したときには確かに予言された17名でした（ちなみに、まこっちゃんが、どうたどり着いたのか、

【注】まこっちゃん…「名言タクシードライバー」。
ひすいこたろうさんの師範代として全国で知られている。

これまた奇跡のストーリーがあるのですが、これは語ると1時間かかるので、ここでは省かせてもらいます）。しかし、そこまで当たるって、ほんと驚きます。

ふ

これはいつも必ず言うことですが、僕が特別なわけではないんです。**第六感**は誰もがもってる感覚です。「五感」を丁寧に感じ続けていけば、自然にその先の「第六感」が開けてきます。それは不思議なことでも何でもなくて、**人間が本来もっている英知**なんです。

3 ○か×かで素直に「違和感」を受け止めてみる

ひ

沖縄マジカルツアーでは、もうひとつ驚くことがありました。まだ自己紹介も終わっていないとき、円陣になって集まっていた参加者のところにF先生がやってきて、僕の隣にいた参加者の女性に小声でこう言ったのです。**「そのネックレス、間違ってたね！」**って。僕は心の中で**「え**

え————っ！」ですよ。初対面の女性に対して、なんて失礼なと（笑）。

ところが、言われた女性はすごく驚いていて、**「やっぱり、そうですか？」**って。家を出てくるとき、いつもつけてるネックレスではなく、違うのをしてきて**違和感**を抱いていて、電車の中で「いつものにすればよかった」って、ずっと後悔していたと言うのです。F先生は笑いながら「違和感を抱くことは、とても大切なことなんだよ」って、涼しい顔で。

ふ　確か、その後に、ひすいさんには**「おしい！　Tシャツだけ間違ってたね」**と言った覚えがあります（笑）。

ひ　そうなんです。でも、そう指摘されて心当たりがありました。じつは、ジーパンはお気に入りのがあって、それをはいていくって前から決めていて、靴も、その直前に富士山に登った登山用の靴をはいていこうと決めていて、Tシャツだけ、とりあえずその日に選んだものを着てたんです。確かにTシャツだけ、これだ！　という確信がなかった。ちなみに翌年は、Tシャツは合ってたんですが、靴下が間違ってました（笑）。

ふ　沖縄でのマジカルツアーでは、終始さまざまなプログラムというか、驚きが用意されています。用意されていて……というと語弊があるかな。亀甲さんが中心となって宿泊先や行き先は決めておきますが、行った先で何が起こるのかは、行ってからのお楽しみ。

ひ　マジカルツアーは、ふだん意識してない、五感で感じることを丁寧にする旅ですよね。食事のときも、ゆっくり一つひとつの食材を味わう。それと、主には**「選択」**ですよね。レストランで自分の座るイスなども、ちゃんと感じた上でしっくりくる場所に座る。何気なく座らない。最初はわけがわからず僕も戸惑いました。だんだんつかめていきましたが、パッと目に入った場所がだいたい正解なんですよね。

ふ　わかりにくい場合は、全部座ってみると**「あ、ここがしっくりくる」「ここは違う」**ってわかってくる。合ってるかどうかは最初はわかりに

間違っているね！
ええ～っ！
何を言い出すんだよ～！

くいんですが、違う場合の**「違和感」**はわかりやすいので、違和感を手がかりにしていくといいんですね。ちなみに、ひすいさんが日常的に実践していることって、ありますか？

ひ　服が好きなこともありますが、今日何を着ていくかに関しては毎日ちゃんと感じて選んでます。まずパッと目に入ったものや感じた服を着てみる。で、違和感を覚えたら着替えます。

あ、そう、そう。沖縄マジカルツアーから帰った1週間後に、こんなことがあったんです。僕はツアー初日、空港でいきなり**「ひすいさんはTシャツが間違ってる」**と言われたので（笑）、特にTシャツは気にしてたんです。で、その日もちゃんと選んでしっくりくるものを着て出かけました。

その日は夜になって、表参道のとある洋服のショップに立ち寄りました。ところがお店に入ると店員さんが僕を見るなり**「そのTシャツ、僕ももっています」**と言うのです。選んだそのTシャツは宮下貴裕さんというデザイナーさんの「ナンバーナイン」というブランドのもので、僕はそのブランドが大好きで、ファン歴10年以上という筋金入りの大ファンだったんです。

ふ　朝、そのTシャツを選ばなければ、声はかけられなかった。

ひ　そうなんです。そのTシャツはデザイナーの宮下貴裕さんがデザインしたものですが、彼は1996年に立ち上げた自分のブランドから2009年に脱退していまして。なぜ、洋服のブランドなのに、「脱退」とか「解散」という表現を使うのかというと、音楽好きの宮下さんが自分たちの活動をロックバンドになぞらえていたからなんですが、すべてにおいて、自分のやっていることに哲学をもっている人なんです。

ふ　天才コピーライター・ひすいこたろうのこだわりが見えるエピソードですね（笑）。宮下さんは新ブランドを立ち上げていなかったのですか？

ひ　その時点で僕は情報を得ていませんでした。じつはこの話にはまだ続きがありまして、僕のTシャツに反応してくれた店員さんのお店に入ったのが午後7時40分ごろ。偶然、その店員さんも宮下さんのファンだったんですが、店員さんが衝撃的なことを言い出したのです。なんと今日、その宮下さんの新ブランド『ソロイスト』が立ち上がり、ショップがオープンしたと言うのです。それも、そのお店から歩いて5分あまりのところに！

ひふ　おおおーっ！

ひふ　もう**「ひえ――――っ！」**を100回くらい言いたくなりました。腕時計を見ると7時50分。ほとんどのショップは夜の8時が閉店時間です。僕は急いで宮下さんのショップの場所を聞き、お礼を言って走りました。

ひふ　すごい展開（笑）！

ひふ　切れそうな息のまま何とかお店に入ったのですが、扉を開けると、な、な、なんと！　店内に宮下貴裕さんご本人がいたのです。10年以上、宮下さん時代のナンバーナインには通ってましたが、一度も見かけたことのない宮下さんがそこにいたのです。でも、ファン過ぎて、話しかけら

「からだ風水」でTシャツを選んだ、
ひすいさんの1日

そのTシャツ素敵ですよね
PM7:50
急げっ
懐かしいねーそれ
ハァ
宮下さんのファンなんです
ハァ

れません。緊張して（笑）。

話しかけようか、どうしようか……1周、2周と店内を意味もなく歩きながら、自分のからだが汗ばんでいくのがわかります。お店をグルグル、4周、5周、6周と回るもまだ声をかけられず。天性の小心者という性格も手伝い、緊張で吐き気もしてきました（笑）。このまま帰るのか、ひすいこたろう、いったいどうする!?

何だかドキドキしますね。

で、「よし！」と思いきって話しかけました。「あの〜っ……み、宮下さん、です、よ……ね？」。何とか話しかけることができたんですが、宮下さんは僕のTシャツを見るなり、**「あっ、そのTシャツ、懐かしいな」**と言ったんです。そのTシャツはところどころに穴があいている加工を施してあったのですが、その穴は宮下さん自身が一つひとつハサミを入れたというのです。もうね、F先生の声が聞こえた気がしました。**「今日、そのTシャツ選んだのは、正解！」**って（笑）。

ひ　ふ

ふ　うん。大正解（笑）！

ひ　もしも、違うTシャツを選んでいたら、巡り巡って憧れのデザイナー宮下貴裕さんのショップにたどり着くこともなければ、ご本人と出会うこともなかったんです。**意識的にしっかり感じて丁寧に生活すると奇跡が起きると**、この日、実感しました。第六感を感じて生きる。まるでゲームみたいな感覚でやれることですが、間違いなく、現実が一緒に動きます。そういった経験をそれ以降も何度も味わいました。

4　第六感で料理が2倍もやってきた！

ひ　もうひとつ象徴的なエピソードがあります。和歌山県の橋本市に「ゆの里」という温泉宿があります。からだに優しい水が評判を呼んで、全国津々《つつ》浦々《うらうら》からお客さまがやってくる。そこで、ある集まりがありまして「ゆの里」を訪ねたときのことです。その中には、人生を豊かにするためのコツを伝える「コツ塾」を主催している野澤卓央さんも参加されていました。

夕食の時間、僕はF先生から教えていただいたように直感に従って、パッと目に入ったところの席に向かいました。じつは野澤さんにも僕はF先生の話をしていたので、野澤さんもちゃんと感じて席を選んだのだそうです。でも、ここに座ろうと思ったその席に、先に僕が座ってしまったのだとか。なので仕方なく、僕の隣に座った。

ふ　2人とも直感が冴《さ》えていますものね。

ひ　参加者全員が席に座り、料理も運ばれてきて「いただきます！」となったときに、僕の前に座っていた女性が「あの……」と申し訳なさそうに小声で話しかけてきたのです。

ふ　小声で！

ひ　「私はベジタリアンなので、お肉とお魚は食べないのです。もったいないので、よろしければ召し上がっていただけないでしょうか……」と。

僕は心の中で**「ラッキー！」**と叫びながら、「そうですか。ならば……」とありがたく頂戴することにしました。卓ちゃんの顔をチラッと見ると、心なしか悔しそうな顔をしていました（笑）。ところが！

ふところが？

ひ卓ちゃんの前に座っていた若い女性も卓ちゃんに向かって「あのぉ……」と言い出したのです。なんと、その女性は、僕の前に座っていらした方の娘さんで、親子そろってベジタリアンだからお肉とお魚が食べられなかったのです！　結局、ちゃんと感じて席を選んだ僕と野澤さんだけが、最高においしいお肉とお魚を一瞬で2倍味わえることになったのです。感じるワールド、恐るべし！　僕と野澤さんは顔を見合わせて思わず2人で握手をしました（笑）。

ふいろいろな場面で自分に「問いかける」ということを繰り返しているうちに、答えがすぐにわかるようになります。そのときは考えることが優先されているのではなく**「感じること」**で、スッと選んでいる状態……

要は真ん中の**「中庸」**という状態なのですね。問いかけた後、答えを見いだすまでにタイムラグがあるときは、心の中は**中庸からずれている**ということです。

そんなときは、頭の中で理由や理屈を探してしまっているのです。中庸という真ん中には、ただ**事実**があるだけ。その事実にどうやって近づくのか。服を選ぶとき、座る席を決めるとき、食べ物を買うとき……。いろいろなところで問いかけと選択を繰り返していると、迷わなくなるだけでなく、選択のスピードも早くなります。自分の感性に対して忠実であればあるほど、いろいろなことがクリアになっていくのです。

感じることを日々やるなかで、次第にわかってきたのは、**「心は問いかけられるのを待っていた」**ってことです。問いかけたらちゃんと教えてくれる。でも、問いかけられないから、今まで第六感の出番がなかったんです。「問い」があなたの内なる英知を引き出す鍵になる。

それと、問いかけ方によっても答えが変わります。「居心地がいい席はどこだろう?」と問うのと、「いい出会いがある席はどこだろう?」と問うのではまた感じる席が変わってきます。**「問い」と「感じる」は二つでセット**だと思います。

5 ノープランの凄み

ふ　第1回目のマジカルツアーが開催された翌年から、毎年2月と9月の2回、東京に呼んでいただいて、ひすいさんと亮さんとの3人のコラボ講演会に登壇させていただくようになりました。もう、最初のうちは柄にもなく緊張してしまいましたね。偉大な2人を前に、いったい自分は何を話せばいいいんだろうって、なかなか中庸になれない自分がいました(笑)。

ひ　F先生でもそんなことを感じるんですか?

ふ　もちろんですよ。もともと人前で話すのは苦手でしたから。沖縄のようなゆったりした時間の流れているようなところならまだしも、東京に来るだけで今でもドキドキしますよ。でも回を重ねていくうちに、3人それぞれの違った体験データベースを、それぞれがしっかりアウトプットしていけばいいんだって、慣れもあって今では心の整理がついています。と当時に、**「気づくためにどう生きたいのかを決める」**ことも自分の学びになりました。自分は何をしたいのか？　何ができるのか？　それがわかったなら、できることを目いっぱいすればいい。できることをやりきってみたらいいんじゃないか！　と経験することで腹が決まりました。

ひ

それをいうなら、僕も同じです。僕の講演会に初期のころから来てくれてる方はよく知ってますが、とにかくまったく人前で話せませんでしたから。黙ったまま数十分を過ごしたこともありますし、頭の中が真っ白になることだっていまだにあります。ただ、F先生と出会って、マジカルツアーをやるようになってから、自分の中での講演スタイルがまったく変わりました。

ふ　どういうふうにですか？

ひ　沖縄でF先生とコラボで講演させてもらったときです。僕は、直前まで話す内容をノートにびっしり書き出しながら準備をしてたら、F先生は、「何してるの？」って。「これから講演だから準備してるんですよ」と答えたら、「ひすいさんは準備、もう終わってるよ」ってF先生は言うわけです。

ふ　ひすいさんはこれまで何十冊と本を書いてきたわけですからね。

ひ　確かに40冊近い本を書かせてもらい、雑誌の連載なども含めると3万ページ以上原稿を書いてます。

ふ　準備すると、準備したことを話したくなる。でも、それをいったん白紙にして、ちゃんとステージでそのお客さんの存在を感じながら、その瞬間に伝えたいことを話すと、自然とその日のお客さんにいちばん必要な話になる。ノープランは最高のプランです。

ひ　でも、それは要するに、無計画でステージに立てってことなんです（笑）。

その瞬間に言葉が降りてこなければアウトです。怖くてできたもんじゃない。僕はその日、「わかりました」とF先生に言ってノートを閉じましたが、トイレに行って隠れて準備してました（笑）。

ただ、F先生の言葉がすごく腑《ふ》に落ちたので、そこから講演スタイルを徐々に変えていくことに挑戦するようになったのです。それまでは入念に準備して臨んでいましたが、最初と最後は入念に準備して、途中の30分だけ空白の時間をつくるとか。そしてその空白の時間を徐々に増やしていき、1年後には、最初から最後までまったくノープランでステージに立つことができるようになりました。

今は、1000名の聴衆のときでも、3000名の聴衆のときでも、まったくノープランでステージに立ってその瞬間を感じながら話すことができます。これもF先生のおかげですね。

青森県の無農薬・無肥料のリンゴ栽培で一躍有名になった木村秋則さんとのコラボ講演も1000名いましたが、ひすいさん、素晴らしかったですもんね。

ひ　何より講演がとても楽しくなりましたね。

ふ　マジカルツアーも回を重ねるたびに、ひすいさんのホスト役も板についてきてますよね。参加者一人ひとりともじっくり話をするようになり、感動で泣いてしまう女の子もいたりして（笑）。

ひ　一人ひとりと向き合えるようになったことも僕の中では大きな変化ですね。そもそもそれが苦手だから、ひとりでできる作家になったわけですから。ただ、そのことについては、F先生とご一緒しているマジカルツアーに加えて、ベストセラーの絵本を連発している絵本作家の**のぶみさん**[注]とのご縁も大きかったですね。

ふ　2人は仲良しですものね。

【注】のぶみさん…絵本作品が160冊を超えるベストセラー絵本作家。

6　ニュートラルでいると必要な言葉が降りてくる

ひ　のぶみさんとは、一緒にPodcast番組「ひすいこたろう のぶみLOVE & natural」をやっていることもあって、月に一度はゆっくり話をする機会をいただいていますが、以前、2人で合宿型のイベントを開催したことがありました。十数名限定のものだったのですが、2日目の朝、お風呂でたまたま一緒になったときに、のぶみさんがこう言い出したんです。

「ひすいさん。**このままだとお客さんは喜んだまま帰っちゃうよ。**このままじゃ、まずいんじゃない？」って。「えっ!? 喜んでくれてるんだから、それでいいんじゃないですか」と僕は答えたのですが、のぶみさんは「いや、もうほんとうに参加者さんの人生が変わる日にしましょうよ。**喜びを超えて、相手が感動で泣き出すくらいまで、しっかり真剣に**

向き合って、一緒に深いところにまで入っていきましょうよ！ やりきりましょう！」って肩をパーンッと叩《たた》かれまして。もう、目が覚めましたね（笑）。

ふ お風呂を出てからは真剣に向き合ったんですか？

ひ もう、ど真剣ですよ。その日は歩けなくなるくらいまでやりきりました。一人ひとりとお店までの道路を歩いているときまでも真剣勝負です。歩いて話をしながら、今、この人の抱えてる課題をどう突破すればいいんだろうかって、その人の気持ちに入っていって話し合いました。
僕は講演などのイベントが年に100回近くになるときもありますから、すべてにおいてはできないけど、沖縄マジカルツアーなどの合宿のときは時間がありますから、できるだけ一緒に深みに入っていこうって思ってます。それと、少人数で月1で半年かけてやる塾スタイルの**「ひすい塾」**で、参加者さんと密にセッションをするのも楽しみのひとつになったのは、F先生のおかげも大きいです。

ふ　さかのぼってみると、２０１４年のマジカルツアーあたりから、ひすいさんに変化が見られるようになってきた気がします。

ひ　僕の中ではマジカルツアーで、Ｆ先生のカウンセリングに同席させてもらえたこと。あの体験も大きかったですね。

ふ　参加者の中から希望する人だけを募ってやったカウンセリングですね。

ひ　ひすいさんが「同席してもいいですか?」と言ってきたので、相手の方にも聞いてから「どうぞ」とお返事をしました。

僕はすでに、その方の悩みをたくさん聞いていたので、Ｆ先生が何と言うのか、どうアドバイスをするのかが気になっていたんですね。たった30分の中で、どのように向き合うのか……Ｆ先生は相談者とひと言ふた言、言葉を交わすと、こうおっしゃった。**「結論を先に言っていいかなぁ?」**。

相談する前に結論がもう先に来ている。これはもうカウンセリングを超えています（笑）。そして、結論をこう言った。**「離婚してもいいよ!」**。

ふ

僕はその方がそのことで長年ずっと悩んでいたことを知っていました。そして、じっくり話した結果、僕もその結論をその方に伝えていたんです。それをF先生は内容も聞かないまま、ズバッと「結論を先に言っていいかなぁ?」ですからね。ほんとに驚きました。このときも目の玉が飛び出してましたよ、僕(笑)。

先ほども言いましたが、ふだんから**「問いかけのレッスン」**を常にやっているからでしょうね。問いかけを絶えず自分の中でやっていると、**自分がニュートラル(中庸)の状態になれる**ことが増えてきて、感覚的にスピーディーに、答えに気づけるようになる。答え……つまり**「事実」**って、たくさんはありません。問いがあって答えがある。そのことを感覚的に理解するのです。

ニュートラル(中庸)には、事実があるだけで理由はありません。もし、問いかけの答えに「でも」とか「しかし」などと理由をつけてしまうと、結局なかなか答えと出会うことができなくなります。ところが、そうはいっても、ふだんから「問いかけること」を続けるのは、慣れるまでは容易ではないでしょう。ましてや実際のカウンセリングの現場ともなると、例えばクライアントが5年間ほど抱き続けてきた悩みを、たった20、30分で解決しようとなると、こちらにも迷いが生じてしまうことがある。そうならないためにもふだんから問いかけを続けているのです。

7 モノに名前をつけると意識が通じやすくなる

ひ　F先生から教えてもらったことの中で、**「モノに名前をつける」**というのがあります。

ふ　今お使いのパソコンの名前は何でしたっけ？

ひ　**ジョブズです（笑）。**そのジョブズと一緒に、時代に革命を起こす一撃となるような原稿を書こうとがんばっています。その他、よく身につけているものにもちゃんと名前をつけています。

ふ

F先生は僕の指輪に「怪《かい》くん」という名前をつけてくれました。

ひ

僕の指輪は、アメリカのジュエリーデザイナーのコディ・サンダーソンという方がつくったものなんですが、たまたま購入した直後に、東京でF先生に会ったものですから、その指輪に名前をつけてもらったんです。名前をつけるときのポイントも適当につけるのではなくちゃんと感じてつけます。男性的か女性的か感じて、日本的か外国的かを感じます。それによっても名前が大きく違いますからね。

名前をつけると、そのものに意識を向けやすくなります。名前がないものは意識しにくいですからね。

名前をつけたら、また奇跡が起きました。ある日、東京の街を歩いてると、アメリカ在住のコディ・サンダーソンが向こうから歩いてくるんです。コディはそんなに有名なわけじゃないんです。ただ、僕は、先ほどもお話しさせてもらった、宮下貴裕さんが彼の作品を気に入って、いち早くコラボして日本に紹介したこともあり、コディの顔をサイトで見て知っていたのです。

コディの指輪に名前をつけたら、そのつくり手であるコディとバッタリ日本で出会う。こんな偶然があるんです。僕は英語が話せませんが、こんなチャンスないですから、知ってる英語を駆使してこう話しかけました。「コディ?」って。

ふ 名前を呼んだだけ（笑）。

ひ そう（笑）。でも、コディもびっくりして、僕の指輪を見ながらとても喜んでくれました。

ふ そりゃそうでしょう。自分が手がけた指輪をしている日本人から声をかけられたら、たまらなく嬉《うれ》しいでしょうね。

ひ 「おおっ！ カメラを出せ。ここで、一緒に写真を撮ろうぜ！」と写真まで撮ってくれて。

ふ ひすいさんが「ひすい塾」の会場に名前をつけている話も好きですよ。

ひ そうなんです。新潟の「ひすい塾」は毎回同じ場所なので、会場に名前をつけてあげたんです。**「マリアさん」**という名前です。そして、みんなで「マリアさん、今日もよろしくお願いします」と手を合わせて授業を始めてるんです。怪しいですよね。これはF先生のせいです（笑）。でも、そうすると、ほんとうに講座が終わるころにはみんな家族のように仲がよくなっていくんです。

ふ　僕も、講演会場の机もイスも全部、ただそこにあるだけじゃなく、一緒に講演を盛り上げてくれる**「キャストやスタッフ」**として扱うようにしています。効果抜群というか、すごいですよね。そうすることによって僕たち人間の意識とその場にあるものすべての「意識」が同調する気がして、みんなの気持ちもひとつにまとまりながら、物事がすべて順調に進んでいきます。そうやって、いろいろなものと人間の意識が同調していけば、もっとあらゆるものとの一体感が生まれ、この世界も変化していくかもしれません。

ひ　F先生は、講演するとき、その会場にいつも深々、頭を下げて、ちゃんとその空間に礼を尽くしている。終わった後もお客さんがみんないなくなり、静かになった空間にまた頭を下げてお礼を伝えている……。その姿に毎回、僕は密《ひそ》かに感動しています。

ふ　大層な修行をしたり、高いお金を払って何かの集まりに参加したりしなくても、まずは、ちょっとした身近なことから実践すればいいと思います。例えば洋服なら最初は2着並べて、どっちにしようかということから始めてもいい。まずは比べて納得してから着る。**陰**と**陽**をうまく活《い》かしながらね。でも、そのうち比べる必要がなくなるの。感覚的に**「これ！」**ってわかるようになる。今日はこれがいいと感じても、明日も同じとは限らない。明日は明日の感性やエネルギーがあります。そのつど、そのつどベストな選択をしていけばいい。

ひ　そうやって、小さな感じる練習の中で、次第に、自分の人生を自分の意識で感じながら、ちゃんと行きたいところへ歩いて行けるようになっているんですよね。感じたら、ちゃんと自分の内側の英知は応えてくれるから。

ふ　そこが「第六感」の面白さなんです。ほとんどの争いごとは「比較すること」から生まれています。個人と個人の争いもそう、国と国との争いもしかりです。僕が初めてまとめた本書の中でも、**「陰陽」**としてふれていますが、真実って、真ん中に事実としてただあるだけなんですよね。でもそれだけなら人には伝わらない。僕たちの学びにもなりません。だから「陰と陽」の姿を見せていただいている。この世に男性だけならば「男性」という意味がわからない。女性だけでも同じこと。光と影、静と動、月と太陽など、対するものを知るからこそ本質が見えてくる。そして真ん中の「中庸」が明確になってくるのです。

ひ　沖縄のツアーも楽しいですが、じつは毎日がマジカルツアーのようなものなんですよね。僕は、22世紀は**「意識が現実（宇宙）を創造している」**という真理が常識になっている時代だと感じています。その未来の常識を一足先に生きているのがＦ先生だと認識しています。

意識こそ、この宇宙最大の財産であり、最高のエネルギーであり、意識こそ、究極の遊び道具なのだと思うんです。そして、その意識は、みんな平等に与えられている。生活の中で、ちょっと意識するだけで、デザイナーの宮下貴裕さんやアメリカ人のコディと偶然、日本で出会えたように、宇宙は奇跡を起こしたがっているように感じます。日常こそマジカルの最前線。**Wonderful（素晴らしい）とはWonder（不思議）＋Full（いっぱい）という意味**です。毎日は、不思議で満ちている。それがワンダフルです。

ふ　今年の「ひすいこたろうさんと行く沖縄マジカルツアー」を楽しみにしています。今日はありがとうございました。

ひ　こちらこそ。F先生、ありがとうございました。

（2016年1月8日　東京・港区青山にて収録）

さいごに

この本を手に取り、最後まで読んでくださった皆さまに心から感謝いたします。

沖縄で「足もみ師」を生業としている私が、まさか本を出すなんて夢にも思っていませんでした。しかし、いざ心を決めて原稿と向き合ってみると、お伝えしたいことがたくさんあふれてきて、どう書くべきなのか試行錯誤を繰り返しました。

出版の話をいただいた春から季節は夏になり、秋から冬へと巡ります。そして2016年1月24日の夜、沖縄では、じつに39年ぶりの雪まで観測されて、みんなを驚かせました。ちょうどこの「さいごに」の原稿に取りかかろうとしていたときだったので、雪が降ってきたことと、本の完成に一歩一歩近づいていることの二つの出来事が、新しい扉を開くきっかけになる気がしています。

本書で気づいていただきたいのは、「陰陽」の世界観を受け入れることの大切さと、「中庸」には理由づけがなく、ただ事実のみがある世界だということです。想《おも》いのとおりに生きられる世界で迷わなくなると、1日のうちで使える時間が長くなります。本来の自分らしく、人生の旅を有意義に過ごしていただきたい……そのような一念から、「五感」を研ぎ澄ませる方法と「第六感」をつかいこなすための心の在り方を精いっぱい書かせていただきました。少しでも読者の皆さまのお役に立つことを願っています。

本書が出来上がるまでには、たくさんの方々のお世話になりました。まずは、日頃《ごろ》からお世話になっているだけでなく、コラムの執筆まで引き受けてくれた亀甲和子さん、高島亮さん、小澤勝也さん、滝村桂子さん、対談という花を添えてくれた、ひすいこたろうさんにお礼申し上げます。また、慣れない作業に二人三脚で付き合ってくれたサンマーク出版の鈴木七沖さんにも感謝を！

最後に。これまで私を支えてくれた親兄弟、家族に友人たち、この仕事へのきっかけと場を与えていただいた北九州の2人の石田さん、沖縄の宮崎さん、島根の吉儀さんご夫妻、滋賀の北村さん、広島の河村さん、愛媛の飯島さん、宮城の加藤さん。そしていうまでもなく、すべてのお客さまのおかげで今の私がいます。ありがとうございました。これからも、よろしくお願いいたします。

普天間直弘

2016年2月　春の沖縄より

文庫化に寄せて

2016年にサンマーク出版から出させていただいた本書。刊行から約8年がたち、世の中に流れるたくさんの情報に埋もれて、この本の存在感も薄れてきた感が私の中にもありました。

ところが、冬の寒さが緩み始めたころです。編集部から「この本の文庫化をさせていただきたいのですが」とのご連絡をいただきました。

とても嬉しい気持ちになりました。と同時に、「なぜ、今なのだろうか?」と少しいぶかる気持ちも出てきました。

しかし、編集部からの説明で「この本の本質は、今の時代にこそ必要なのではないかと思います」というお話があり、なるほどと有り難く了承いたしました。

ちなみに単行本時のタイトルは『「第六感」で決めると、すべてに迷わなくなる！』でした。今回の文庫化にあたり、内容がよりわかりやすく伝わるようにタイトルを少し変更しました。また、それにともなってカバーデザインも新しくなっています。

手に取りやすいサイズの文庫となって、また新しい読者の皆様の、日々の気づきのヒントとなれば幸いです。

普天間直弘

【参考文献】

『第六感を仕事に生かす』
（ソニア・ショケット著・奥野節子訳　ダイヤモンド社刊）
『脳には妙なクセがある』（池谷裕二著　扶桑社刊）
『脳は直感している』（佐々木正悟著　祥伝社刊）
『第六感の正体の謎』（匠英一著　河出書房新社刊）

【著者のイベントに関する問い合わせ先】

普天間直弘　公式サイト
https://futenma-naohiro.com/

占いヒーリングサロン　アマナ
https://amana-okinawa.com/

本書は二〇一六年三月に小社より刊行された『「第六感」で決めると、すべてに迷わなくなる!』を改題し、表記や表現などを一部改訂したものです。

本文中の肩書き・データなどは刊行当時のものです。

サンマーク文庫

「第六感」を磨くと、
人生が勝手によくなり出す！

2024年6月 1日　初版印刷
2024年6月10日　初版発行

著者　普天間直弘
発行人　黒川精一
発行所　株式会社サンマーク出版
東京都新宿区北新宿2-21-1
電話 03-5348-7800

フォーマットデザイン　重原 隆
本文DTP　山中 央
印刷・製本　株式会社暁印刷

落丁・乱丁本はお取り替えいたします。
定価はカバーに表示してあります。

ISBN978-4-7631-6148-2　C0130

ホームページ　https://www.sunmark.co.jp